現行 市制町村制
並 議員選挙法規
【昭和5年 再版】

法曹閣 編輯

地方自治法研究
復刊大系〔第二五五巻〕

現行 市制町村制〔昭和五年 再版〕

並 議員選挙法規

日本立法資料全集 別巻 1065

信山社

法曹閣編輯

現行

市制町村制

幷
議員選舉法規

東京　松陽堂刊

法曹閣編輯

現行

市制町村制

幷

議員選擧法規

東京 松陽堂刊

市制町村制目次

●町村制（四四、法律六九號）（改正大正一〇、法律五九號、一五、法律七五號、昭和四年法律第五七號）

市制町村制目次終

選擧法典目次

選擧法典目次終

●市制

（明治四十四年四月七日法律第六十八號
改正 大正一〇年第五八號、一一年第五六號、一五年第七四號
昭和四年四月第五六號）

朕帝國議會ノ協賛ヲ經タル市制改正法律ヲ裁可シ茲ニ之ヲ公布セシム

第一章　總則

第一款　市及其ノ區域

第一條　市ハ從來ノ區域ニ依ル

第二條　市ハ法人トス官ノ監督ヲ承ケ法令ノ範圍內ニ於テ其ノ公共事務竝從來法令又ハ慣例ニ依リ及將來法律勅令ニ依リ市ニ屬スル事務ヲ處理ス

第三條　市ノ廢置分合ヲ爲サムトスルトキハ關係アル市町村會及府縣參事會ノ意見ヲ徵シテ內務大臣之ヲ定ム

前項ノ場合ニ於テ財產アルトキハ其ノ處分ハ關係アル市町村會ノ意見ヲ徵シ府縣參事會ノ議決ヲ經テ府縣知事之ヲ定ム

第四條　市ノ境界變更ヲ爲サムトスルトキハ府縣知事ハ關係アル市町村會ノ意見ヲ徵シ府縣參事會ノ議決ヲ經內務大臣ノ許可ヲ得テ之ヲ定ム所屬未定地ヲ市ノ區域ニ編入セムトスルトキ亦同シ

前項ノ場合ニ於テ財產アルトキ其ノ處分ニ關シテハ前條第二項ノ例ニ依ル

第五條　市ノ境界ニ關スル爭論ハ府縣參事會之ヲ裁定ス其ノ裁定ニ不服アル市町村ハ行政裁判所ニ出訴スルコトヲ得

市ノ境界判明ナラサル場合ニ於テ前項ノ爭論ナキトキハ府縣知事ハ府縣參事會ノ

決定ニ付スヘシ其ノ決定ニ不服アル市町村ハ行政裁判所ニ出訴スルコトヲ得
第一項ノ裁定及前項ノ決定ハ文書ヲ以テ之ヲ爲シ其ノ理由ヲ附シ之ヲ關係市町村ニ交附スヘシ
第一項ノ裁定及第二項ノ決定ニ付テハ府縣知事ヨリモ訴訟ヲ提起スルコトヲ得

第六條　勅令ヲ以テ指定スル市ノ區ハ之ヲ法人トス其ノ財産及營造物ニ關スル事務其ノ他法令ニ依リ區ニ屬スル事務ヲ處理ス
區ノ廢置分合又ハ境界變更其ノ他區ノ境界ニ關シテハ前二條ノ規定ヲ準用ス但シ第四條ノ規定ヲ準用スル場合ニ於テハ關係アル市會ノ意見ヲモ徵スヘシ

第七條　市ハ其ノ名稱ヲ變更セムトスルトキハ内務大臣ノ許可ヲ受クヘシ

第二款　市住民及其ノ權利義務

第八條　市内ニ住所ヲ有スル者ハ其ノ市住民トス
市住民ハ本法ニ從ヒ市ノ財産及營造物ヲ共用スル權利ヲ有シ市ノ負擔ヲ分任スル義務ヲ負フ

第九條　帝國臣民タル年齡二十五年以上ノ男子ニシテ二年以來市住民タル者ハ其ノ市公民トス但シ左ノ各號ノ一ニ該當スル者ハ此ノ限ニ在ラス
一　禁治產者及準禁治產者
二　破產者ニシテ復權ヲ得サル者
三　貧困ニ因リ生活ノ爲公私ノ救助ヲ受ケ又ハ扶助ヲ受クル者
四　一定ノ住居ヲ有セサル者
五　六年ノ懲役又ハ禁錮以上ノ刑ニ處セラレタル者

六 刑法第二編第一章、第三章、第九章、第十六章乃至第二十一章、第二十五章又ハ第三十六章乃至第三十九章ニ揭クル罪ヲ犯シ六年未滿ノ懲役ノ刑ニ處セラレ其ノ執行ヲ終リ又ハ執行ヲ受クルコトナキニ至リタル後其ノ刑期ノ二倍ニ相當スル期間ヲ經過スルニ至ル迄ノ者但シ其ノ期間五年ヨリ短キトキハ五年トス

七 六年未滿ノ禁錮ノ刑ニ處セラレ又ハ前號ニ揭クル罪以外ノ罪ヲ犯シ六年未滿ノ懲役ノ刑ニ處セラレ其ノ執行ヲ終リ又ハ執行ヲ受クルコトナキニ至ル迄ノ者

市ハ前項二年ノ制限ヲ特免スルコトヲ得

第一項二年ノ期間ハ市町村ノ廢置分合又ハ境界變更ノ爲中斷セラルルコトナシ

第十條 市公民ハ市ノ選擧ニ參與シ市ノ名譽職ニ選擧セラルル權利ヲ有シ市ノ名譽職ヲ擔任スル義務ヲ負フ

左ノ各號ノ一ニ該當セサル者ニシテ名譽職ノ當選ヲ辭シ又ハ其ノ職ヲ辭シ若ハ其ノ職務ヲ實際ニ執行セサルトキハ市ハ一年以上四年以下其ノ市公民權ヲ停止スルコトヲ得

一 疾病ニ罹リ公務ニ堪ヘサル者

二 義務ノ爲常ニ市內ニ居ルコトヲ得サル者

三 年齡六十年以上ノ者

四 官公職ノ爲市ノ公務ヲ執ルコトヲ得サル者

五 四年以上名譽職市吏員、名譽職參事會員、市會議員又ハ區會議員ノ職ニ任シ爾後同一ノ期間ヲ經過セサル者

六 其ノ他市會ノ議決ニ依リ正當ノ理由

アリト認ムル者
前項ノ處分ヲ受ケタル者其ノ處分ニ不服アルトキハ府縣參事會ニ訴願シ其ノ裁決ニ不服アルトキハ行政裁判所ニ出訴スルコトヲ得
第二項ノ處分ハ其ノ確定ニ至ル迄執行ヲ停止ス
第三項ノ裁決ニ付テハ府縣知事又ハ市長ヨリモ訴訟ヲ提起スルコトヲ得
第十一條　陸海軍々人ニシテ現役中ノ者（未タ入營セサル者及歸休下士官兵ヲ除ク）及戰時若ハ事變ニ際シ召集中ノ者ハ市ノ公務ニ參與スルコトヲ得ス兵籍ニ編入セラレタル學生々徒（勅令ヲ以テ定ムル者ヲ除ク）及志願ニ依リ國民軍ニ編入セラレタル者亦同シ

第三款　市條例及市規則

第十二條　市ハ市住民ノ權利義務又ハ市ノ事務ニ關シ市條例ヲ設クルコトヲ得
市ハ市ノ營造物ニ關シ市條例ヲ以テ規定スルモノノ外市規則ヲ設クルコトヲ得
市條例及市規則ハ一定ノ公告式ニ依リ之ヲ告示スヘシ

第二章　市會

第一款　組織及選擧

第十三條　市會議員ハ其ノ被選擧權アル者ニ就キ選擧人之ヲ選擧ス
議員ノ定數左ノ如シ
一　人口五萬未滿ノ市　三十人
二　人口五萬以上十五萬未滿ノ市　三十六人
三　人口十五萬以上二十萬未滿ノ市　四十人
四　人口二十萬以上三十萬未滿ノ市

五　人口三十萬以上ノ市　四十四人
人口三十萬ヲ超ユル市ニ於テハ人口十萬、人口五十萬ヲ超ユル市ニ於テハ人口二十萬ヲ加フル毎ニ議員四人ヲ增加ス　四十八人
議員ノ定數ハ市條例ヲ以テ特ニ之ヲ增減スルコトヲ得
議員ノ定數ハ總選擧ヲ行フ場合ニ非サレハ之ヲ增減セス但シ著シク人口ノ增減アリタル場合ニ於テ內務大臣ノ許可ヲ得タルトキハ此ノ限ニ在ラズ
第十四條　市公民ハ總テ選擧權ヲ有ス但シ公民權停止中ノ者又ハ第十一條ノ規定ニ該當スル者ハ此ノ限ニ在ラス
第十五條　削除
第十六條　市ハ市條例ヲ以テ選擧區ヲ設クルコトヲ得
選擧區ノ數及其ノ區域竝各選擧區ヨリ選出スル議員數ハ前項ノ市條例中ニ之ヲ規定スヘシ
第六條ノ市ニ於テハ區ヲ以テ選擧區トス其ノ各選擧區ヨリ選出スル議員數ハ市條例ヲ以テ之ヲ定ムヘシ
選擧人ハ住所ニ依リ所屬ノ選擧區ヲ定ム第七十六條又ハ第七十九條第二項ノ規定ニ依リ市公民タル者ニシテ市內ニ住所ヲ有セサル者ニ付テハ市長ハ本人ノ申出ニ依リ其ノ申出ナキトキハ職權ニ依リ其ノ選擧區ヲ定ムヘシ
被選擧人ハ各選擧區ニ通シテ選擧セラルルコトヲ得
第十七條　特別ノ事情アルトキハ市ハ區劃ヲ定メテ投票分會ヲ設クルコトヲ得
第十八條　選擧權ヲ有スル市公民ハ被選擧

權ヲ有ス

在職ノ検事、警察官吏及收稅官吏ハ被選擧權ヲ有セス

選擧事務ニ關係アル官吏及市ノ有給吏員ハ其ノ關係區域內ニ於テ被選擧權ヲ有セス

市ノ有給ノ吏員教員其ノ他ノ職員ニシテ在職中ノ者ハ其ノ市會議員ト相兼ヌルコトヲ得ス

第十九條　市會議員ハ名譽職トス

議員ノ任期ハ四年トシ總選擧ノ日ヨリ之ヲ起算ス

議員ノ定數ニ異動ヲ生シタル爲解任ヲ要スル者アルトキハ市長抽籤シテ之ヲ定ム但シ闕員アルトキハ其ノ闕員ヲ以テ之ニ充ツヘシ

前項但書ノ場合ニ於テ闕員ノ數解任ヲ要スル者ノ數ニ滿チサルトキハ其ノ不足ノ員數ニ付市長抽籤シテ解任スヘキ者ヲ定メ闕員ノ數解任ヲ要スル者ノ數ヲ超ユルトキハ解任ヲ要スル者ニ充ツヘキ闕員ハ最モ先ニ闕員ト爲リタル者ヨリ順次之ニ充テ闕員ト爲リタル時同シキトキハ市長抽籤シテ之ヲ定ム

議員ノ定數ニ異動ヲ生シタル爲解任ヲ要スル者アル場合ニ於テ選擧區アルトキハ第十六條ノ市條例中ニ其ノ解任ヲ要スル者ノ選擧區ヲ規定シ市長抽籤シテ之ヲ定ム但シ解任ヲ要スル者ノ選擧區ニ闕員アリタルトキハ其ノ闕員ヲ以テ之ニ充ツヘシ此ノ場合ニハ前項ノ例ニ依ル

議員ノ定數ニ異動ヲ生シタル爲新ニ選擧セラレタル議員ハ總選擧ニ依リ選擧セラレタル議員ノ任期滿了ノ日迄在任ス

選擧區又ハ其ノ配當議員數ノ變更アリタル場合ニ於テ之ニ關シ必要ナル事項ハ第十六條ノ市條例中ニ之ヲ規定スヘシ

第二十條 市會議員中闕員ヲ生シタル場合ニ於テ第三十條第二項ノ規定ノ適用ヲ受ケタル得票者ニシテ當選者ト爲ラサリシ者アルトキハ直ニ選擧會ヲ開キ其ノ者ノ中ニ就キ當選者ヲ定ムヘシ此場合ニ於テハ第三十三條第三項及第四項ノ規定ヲ準用ス（**昭和四年四月法律第五六號改正**）

前項ノ規定ノ適用ヲ受タル者ナク若ハ前項ノ規定ノ適用ニ依リ當選者ヲ定ムルモ仍其ノ闕員カ議員定數ノ六分ノ一ヲ超ユルニ至リタルトキ又ハ市長若ハ市會ニ於テ必要ト認ムルトキハ補闕選擧ヲ行フヘシ

第三十三條第五項及第六項ノ規定ハ補闕選擧ニ之ヲ準用ス

補闕議員ハ其ノ前任者ノ殘任期間在任ス

選擧區アル場合ニ於テハ補闕議員ハ前任者ノ選擧セラレタル選擧區ニ於テ之ヲ選擧スヘシ

第二十一條 市長ハ毎年九月十五日ノ現在ニ依リ選擧人名簿ヲ調製スヘシ但シ選擧區アルトキハ選擧區毎ニ之ヲ調製スヘシ

第六條ノ市ニ於テハ市長ハ區長ヲシテ前項ノ例ニ依リ選擧人名簿ヲ調製セシムヘシ

選擧人名簿ニハ選擧人ノ氏名、住所及生年月日等ヲ記載スヘシ

第二十一條ノ二 市長ハ十一月五日ヨリ十五日間市役所（第六條ノ市ニ於テハ區役所）又ハ其ノ指定シタル場所ニ於テ選擧人名簿ヲ關係者ノ縱覽ニ供スヘシ

市長ハ縦覽開始ノ日前三日目迄ニ縦覽ノ場所ヲ告示スヘシ

第二十一條ノ三　選擧人名簿ニ關シ關係者ニ於テ異議アルトキハ縦覽期間內ニ之ヲ市長（第六條ノ市ニ於テハ區長ヲ經テ）ニ申立ツルコトヲ得此ノ場合ニ於テハ市長ハ其ノ申立ヲ受ケタル日ヨリ十四日以內ニ之ヲ決定シ名簿ノ修正ヲ要スルトキハ直ニ之ヲ修正シ第六條ノ市ニ於テハ區長ヲシテ之ヲ修正セシムヘシ（同上）

前項ノ決定ニ不服アル者ハ府縣參事會ニ訴願シ其ノ裁決ニ不服アル者ハ行政裁判所ニ出訴スルコトヲ得

前項ノ裁決ニ付テハ府縣知事又ハ市長ヨリモ訴訟ヲ提起スルコトヲ得

第一項ノ規定ニ依リ決定ヲ爲シタルトキハ市長ハ直ニ其ノ要領ヲ告示シ第六條ノ市ニ於テハ區長ヲシテ之ヲ告示セシムヘシ同項ノ規定ニ依リ名簿ヲ修正シタルトキ亦同シ

第二十一條ノ四　選擧人名簿ハ十二月二十五日ヲ以テ確定ス

選擧人名簿ハ次年ノ十二月二十四日迄之ヲ据置クヘシ

前條第二項又ハ第三項ノ場合ニ於テ裁決確定シ又ハ判決アリタルニ依リ名簿ノ修正ヲ要スルトキハ市長ハ直ニ之ヲ修正シ第六條ノ市ニ於テハ區長ヲシテ之ヲ修正セシムヘシ（同上）

前項ノ規定ニ依リ名簿ヲ修正シタルトキハ市長ハ直ニ其ノ要領ヲ告示シ第六條ノ市ニ於テハ區長ヲシテ之ヲ告示セシムヘシ

投票分會ヲ設クル場合ニ於テ必要アルト

キハ市長ハ確定名簿ニ依リ分會ノ區劃毎ニ名簿ノ抄本ヲ調製シ第六條ノ市ニ於テハ區長ヲシテ之ヲ調製セシムヘシ(同上)

第二十一條ノ五　第二十一條ノ三ノ場合ニ於テ決定若ハ裁決確定シ又ハ判決アリタルニ依リ選擧人名簿無效ト爲リタルトキハ更ニ名簿ヲ調製スヘシ

天災事變等ノ爲必要アルトキハ更ニ名簿ヲ調製スヘシ

前二項ノ規定ニ依ル名簿ノ調製、縱覽、確定及異議ノ決定ニ關スル期日及期間ハ府縣知事ノ定ムル所ニ依ル(同上)

市ノ廢置分合又ハ境界變更アリタル場合ニ於テ名簿ニ關シ其ノ分合其ノ他必要ナル事項ハ命令ヲ以テ之ヲ定ム(同上)

第二十二條　市長ハ選擧ノ期日前七日目(第三十九條ノ二ノ市ニ於テハ二十日目)迄ニ選擧會場(投票分會場ヲ含ム以下同シ)投票ノ日時及選擧スヘキ議員數(選擧區アル場合ニ於テハ各選擧區ニ於テ選擧スル議員數)ヲ告示スヘシ投票分會ヲ設クル場合ニ於テハ併セテ其ノ區劃ヲ告示スヘシ

總選擧ニ於ケル各選擧區ノ投票ハ同日時ニ之ヲ行フ

投票分會ノ投票ハ選擧會ト同日時ニ之ヲ行フ

天災事變等ノ爲投票ヲ行フコト能ハサルトキ又ハ更ニ投票ヲ行フノ必要アルトキハ市長ハ其ノ投票ヲ行フヘキ選擧會又ハ投票分會ノミニ付更ニ期日ヲ定メ投票ヲ行ハシムヘシ此ノ場合ニ於テ選擧會場及投票ノ日時ハ選擧ノ期日前五日目迄ニ之ヲ告示スヘシ

第二十三條　市長ハ選擧長ト爲リ選擧會ヲ開閉シ其ノ取締ニ任ス
各選擧區ノ選擧會ハ市長又ハ其ノ指名シタル吏員（第六條ノ市ニ於テハ區長）選擧長トナリ之ヲ開閉シ其ノ取締ニ任ス
市長（第六條ノ市ニ於テハ區長）ハ選擧人名簿ニ登錄セラレタル者ノ中ヨリ二人乃至四人ノ選擧立會人ヲ選任スヘシ但シ選擧區アルトキハ各別ニ選擧立會人ヲ設クヘシ投票分會ハ市長ノ指名シタル吏員投票分會長ト爲リ之ヲ開閉シ其ノ取締ニ任ス
市長（第六條ノ市ニ於テハ區長）ハ分會ノ區劃內ニ於ケル選擧人名簿ニ登錄セラレタル者ノ中ヨリ二人乃至四人ノ投票立會人ヲ選任スヘシ
選擧立會人及投票立會人ハ名譽職トス

第二十四條　選擧人ニ非サル者ハ選擧會場ニ入ルコトヲ得ス但シ選擧會場ノ事務ニ從事スル者、選擧會場ヲ監視スル職權ヲ有スル者又ハ警察官吏ハ此ノ限ニ在ラス
選擧會場ニ於テ演說討論ヲ爲シ若ハ喧擾ニ涉リ又ハ投票ニ關シ協議若ハ勸誘ヲ爲シ其ノ他選擧會場ノ秩序ヲ紊ス者アルトキハ選擧長又ハ投票分會長ハ之ヲ制止シ命ニ從ハサルトキハ之ヲ選擧會場外ニ退出セシムヘシ
前項ノ規定ニ依リ退出セシメラレタル者ハ最後ニ至リ投票ヲ爲スコトヲ得但シ選擧長又ハ投票分會長會場ノ秩序ヲ紊スノ虞ナシト認ムル場合ニ於テ投票ヲ爲サシムルヲ妨ケス

第二十五條　選擧ハ無記名投票ヲ以テ之ヲ行フ

投票ハ一人一票ニ限ル

選擧人ハ選擧ノ當日投票時間內ニ自ラ選擧會場ニ到リ選擧人名簿又ハ其ノ抄本ノ對照ヲ經テ投票ヲ爲スヘシ

投票時間內ニ選擧會場ニ入リタル選擧人ハ其ノ時間ヲ過クルモ投票ヲ爲スコトヲ得

選擧人ハ選擧會場ニ於テ投票用紙ニ自ラ被選擧人一人ノ氏名ヲ記載シテ投函スヘシ投票ニ關スル記載ニ付テハ勅令ヲ以テ定ムル點字ハ之ヲ文字ト看做ス

自ラ被選擧人ノ氏名ヲ書スルコト能ハサル者ハ投票ヲ爲スコトヲ得ス

投票用紙ハ市長ノ定ムル所ニ依リ一定ノ式ヲ用ウヘシ

選擧區アル場合ニ於テ選擧人名簿ノ調製後選擧人ノ所屬ニ異動ヲ生スルコトアルモ其ノ選擧人ハ前所屬ノ選擧區ニ於テ投票ヲ爲スヘシ

投票分會ニ於テ爲シタル投票ハ投票分會長少クトモ一人ノ投票立會人ト共ニ投票函ノ儘之ヲ選擧長ニ送致スヘシ

第二十五條ノ二　確定名簿ニ登錄セラレサル者ハ投票ヲ爲スコトヲ得ス但シ選擧人名簿ニ登錄セラルヘキ確定裁決書又ハ判決書ヲ所持シ選擧ノ當日選擧會場ニ到ル者ハ此ノ限ニ在ラス

確定名簿ニ登錄セラレタル者選擧人名簿ニ登錄セラルルコトヲ得サル者ナルトキハ投票ヲ爲スコトヲ得ス選擧ノ當日選擧權ヲ有セサル者ナルトキ亦同シ

第二十五條ノ三　投票ノ拒否ハ選擧立會人又ハ投票立會人之ヲ決定ス可否同數ナルトキハ選擧長又ハ投票分會長之ヲ決スヘ

シ
投票分會ニ於テ投票拒否ノ決定ヲ受ケタル選舉人不服アルトキハ投票分會長ハ假ニ投票ヲ爲サシムヘシ
前項ノ投票ハ選舉人ヲシテ之ヲ封筒ニ入レ封緘シ表面ニ自ラ其ノ氏名ヲ記載シ投函セシムヘシ
投票分會長又ハ投票立會人ニ於テ異議アル選舉人ニ對シテモ亦前二項ニ同シ

第二十六條　第三十三條若ハ第三十七條ノ選舉、增員選舉又ハ補闕選舉ヲ同時ニ行フ場合ニ於テハ一ノ選舉ヲ以テ合併シテ之ヲ行フ

第二十七條　市長ハ豫メ開票ノ日時ヲ告示スヘシ

第二十七條ノ二　選舉長ハ投票ノ日又ハ其ノ翌日（投票分會ヲ設ケタルトキハ總テノ投票函ノ送致ヲ受ケタル日又ハ其ノ翌日）選舉立會人立會ノ上投票函ヲ開キ投票ノ總數ト投票人ノ總數トヲ計算スヘシ
前項ノ計算終リタルトキハ選舉長ハ先ツ第二十五條ノ三第二項及第四項ノ投票ヲ調査スヘシ其ノ投票ノ受理如何ハ選舉立會人之ヲ決定ス可否同數ナルトキハ選舉長之ヲ決スヘシ
選舉長ハ選舉立會人ト共ニ投票ヲ點檢スヘシ
天災事變等ノ爲開票ヲ行フコト能ハサルトキハ市長ハ更ニ開票ノ期日ヲ定ムヘシ此ノ場合ニ於テ選舉會場ノ變更ヲ要スルトキハ豫メ更ニ其ノ場所ヲ告示スヘシ

第二十七條ノ三　選舉人ハ其ノ選舉會ノ參觀ヲ求ムルコトヲ得但シ開票開始前ハ此ノ限ニ在ラス

第二十七條ノ四　特別ノ事情アルトキハ市ハ府縣知事ノ許可ヲ得區劃ヲ定メテ開票分會ヲ設クルコトヲ得
前項ノ規定ニ依リ開票分會ヲ設クル場合ニ於テ必要ナル事項ハ命令ヲ以テ之ヲ定ム
第二十八條　左ノ投票ハ之ヲ無效トス
一　成規ノ用紙ヲ用ヰサルモノ
二　現ニ市會議員ノ職ニ在ル者ノ氏名ヲ記載シタルモノ
三　一投票中二人以上ノ被選擧人ノ氏名ヲ記載シタルモノ
四　被選擧人ノ何人タルカヲ確認シ難キモノ
五　被選擧權ナキ者ノ氏名ヲ記載シタルモノ
六　被選擧人ノ氏名ノ外他事ヲ記入シタルモノ但シ爵位職業身分住所又ハ敬稱ノ類ヲ記入シタルモノハ此ノ限ニ在ラス
七　被選擧人ノ氏名ヲ自書セサルモノ
第二十九條　投票ノ效力ハ選擧立會人之ヲ決定ス可否同數ナルトキハ選擧長之ヲ決スヘシ
第三十條　市會議員ノ選擧ハ有效投票ノ最多數ヲ得タル者ヲ以テ當選者トス但シ議員ノ定數（選擧區アル場合ニ於テハ其ノ選擧區ノ配當議員數）ヲ以テ有效投票ノ總數ヲ除シテ得タル數ノ六分ノ一以上ノ得票アルコトヲ要ス
前項ノ規定ニ依リ當選者ヲ定ムルニ當リ得票ノ數同シキトキハ年長者ヲ取リ年齢同シキトキハ選擧長抽籤シテ之ヲ定ムヘシ

第三十條ノ二　當選者選擧ノ期日後ニ於テ被選擧權ヲ有セサルニ至リタルトキハ當選ヲ失フ

第三十一條　選擧長ハ選擧錄ヲ作リ選擧會ニ關スル顚末ヲ記載シ之ヲ朗讀シ二人以上ノ選擧立會人ト共ニ之ヲ署名スヘシ
各選擧區ノ選擧長ハ選擧錄（第六條ノ市ニ於テハ共ノ寫）ヲ添ヘ當選者ノ住所氏名ヲ市長ニ報告スヘシ
投票分會長ハ投票錄ヲ作リ投票ニ關スル顚末ヲ記載シ之ヲ朗讀シ二人以上ノ投票立會人ト共ニ之ニ署名スヘシ
投票分會長ハ投票函ト同時ニ投票錄ヲ選擧長ニ送致スヘシ
選擧錄及投票錄ハ投票、選擧人名簿其ノ他ノ關係書類ト共ニ議員ノ任期間市長（第六條ノ市ニ於テハ區長）ニ於テ之ヲ保存スヘシ

第三十二條　當選者定マリタルトキハ市長ハ直ニ當選者ニ當選ノ旨ヲ告知シ（第六條ノ市ニ於テハ區長ヲシテ之ヲ告知セシメ）同時ニ當選者ノ住所氏名ヲ告示シ且選擧錄ノ寫（投票錄アルトキハ併セテ投票錄ノ寫）ヲ添ヘ之ヲ府縣知事ニ報告スヘシ當選者ナキトキハ直ニ共ノ旨ヲ告示シ且選擧錄ノ寫（投票錄アルトキハ併セテ投票錄ノ寫）ヲ添ヘ之ヲ府縣知事ニ報告スヘシ
當選者當選ヲ辭セムトスルトキハ當選ノ告知ヲ受ケタル日ヨリ五日以內ニ之ヲ市長ニ申立ツヘシ
一人ニシテ數選擧區ニ於テ當選シタルトキハ最後ニ當選ノ告知ヲ受ケタル日ヨリ五日以內ニ何レノ當選ニ應スヘキカヲ市

長ニ申立ツヘシ其ノ期間内ニ之ヲ申立サルトキハ市長抽籤シテ之ヲ定ム
官吏ニシテ當選シタル者ハ所屬長官ノ許可ヲ受クルニ非サレハ之ニ應スルコトヲ得ス
前項ノ官吏ハ當選ノ告知ヲ受ケタル日ヨリ二十日以内ニ之ニ應スヘキ旨ヲ市長ニ申立テサルトキハ其ノ當選ヲ辭シタルモノト看做ス第三項ノ場合ニ於テ何レノ當選ニ應スヘキカヲ申立テサルトキハ總テ之ヲ辭シタルモノト看做ス
市ニ對シ請負ヲ爲シ又ハ市ニ於テ費用ヲ負擔スル事業ニ付市長若ハ其ノ委任ヲ受ケタル者ニ對シ請負ヲ爲ス者若ハ其ノ支配人又ハ主トシテ同一ノ行爲ヲ爲ス法人ノ無限責任社員、役員若ハ支配人ニシテ當選シタル者ハ其ノ請負ヲ罷メ又ハ請負ヲ爲ス者ノ支配人若ハ主トシテ同一ノ行爲ヲ爲ス法人ノ無限責任社員、役員若ハ支配人タルコトナキニ至ルニ非サレハ當選ニ應スルコトヲ得ス第二項又ハ第三項ノ期限前ニ其ノ旨ヲ市長ニ申立テサルトキハ其ノ當選ヲ辭シタルモノト看做ス
前項ノ役員トハ取締役、監査役及之ニ準スヘキ者竝淸算人ヲ謂フ

第三十三條 當選者左ニ揭クル事由ノ一ニ該當スルトキハ三月以内ニ更ニ選擧ヲ行フヘシ但シ第二項ノ規定ニ依リ更ニ選擧ヲ行フコトナクシテ當選者ヲ定メ得ル場合ハ此ノ限ニ在ラス
一 當選ヲ辭シタルトキ
二 數選擧區ニ於テ當選シタル場合ニ於テ前條第三項ノ規定ニ依リ一ノ選擧區ノ當選ニ應シ又ハ抽籤ニ依リ一ノ選擧區ノ當選者ト定マリタル爲他ノ選擧區

ニ於テ當選者タラサルニ至リタルトキ
三　第三十條ノ二ノ規定ニ依リ當選ヲ失ヒタルトキ
四　死亡者ナルトキ
五　選擧ニ關スル犯罪ニ依リ刑ニ處セラレ其ノ當選無效ト爲リタルトキ但シ同一人ニ關シ前各號ノ事由ニ依ル選擧又ハ補闕選擧ノ告示ヲ爲シタル場合ハ此ノ限ニ在ラス
前項ノ事由前條第二項、第三項若ハ第五項ノ規定ニ依ル期限前ニ生シタル場合ニ於テ第三十條第一項但書ノ得票者ニシテ當選者ト爲ラサリシ者アルトキ又ハ其ノ期限經過後ニ生シタル場合ニ於テ第三十條第二項ノ規定ノ適用ヲ受ケタル得票者ニシテ當選者ト爲ラサリシ者アルトキハ直ニ選擧會ヲ開キ其ノ者ノ中ニ就キ當選者ヲ定ムヘシ
前項ノ場合ニ於テ第三十條第一項但書ノ得票者ニシテ當選者ト爲ラサリシ者選擧ノ期日後ニ於テ被選擧權ヲ有セサルニ至リタルトキハ之ヲ當選者ト定ムルコトヲ得ス
第二項ノ場合ニ於テハ市長ハ豫メ選擧會ノ場所及日時ヲ告示スヘシ
第一項ノ期間ハ第三十六條第八項ノ規定ノ適用アル場合ニ於テハ選擧ヲ行フコトヲ得サル事由已ミタル日ノ翌日ヨリ之ヲ起算ス
第一項ノ事由議員ノ任期滿了前六月以內ニ生シタルトキハ第一項ノ選擧ハ之ヲ行ハス但シ議員ノ數其ノ定數ノ三分ノ二ニ滿チサルニ至リタルトキハ此ノ限ニ在ラス

第三十四條　第三十二條第二項ノ期間ヲ經過シタルトキ、同條第三項若ハ第五項ノ申立アリタルトキ又ハ同條第三項ノ規定ニ依リ抽籤ヲ爲シタルトキハ市長ハ直ニ當選者ノ住所氏名ヲ告示シ併セテ之ヲ府縣知事ニ報告スヘシ

當選者ナキニ至リタルトキ又ハ當選者其ノ選擧ニ於ケル議員ノ定數ニ達セサルニ至リタルトキハ市長ハ直ニ其ノ旨ヲ告示シ併セテ之ヲ府縣知事ニ報告スヘシ

第三十五條　選擧ノ規定ニ違反スルコトアルトキハ選擧ノ結果ニ異動ヲ生スルノ虞アル場合ニ限リ其ノ選擧ノ全部又ハ一部ヲ無效トス但シ當選ニ異動ヲ生スルノ虞ナキ者ヲ區分シ得ルトキハ其ノ者ニ限リ當選ヲ失フコトナシ

第三十六條　選擧人選擧又ハ當選ノ效力ニ關シ異議アルトキハ選擧ニ關シテハ選擧ノ日ヨリ當選ニ關シテハ第三十二條第一項又ハ第三十四條第二項ノ告示ノ日ヨリ七日以內ニ之ヲ市長ニ申立ツルコトヲ得此ノ場合ニ於テハ市長ハ七日以內ニ市會ノ決定ニ付スヘシ市會ハ其ノ送付ヲ受ケタル日ヨリ十四日以內ニ之ヲ決定スヘシ

前項ノ決定ニ不服アル者ハ府縣參事會ニ訴願スルコトヲ得

府縣知事ハ選擧又ハ當選ノ效力ニ關シ異議アルトキハ選擧ニ關シテハ第三十二條第一項ノ報告ヲ受ケタル日ヨリ當選ニ關シテハ第三十二條第一項又ハ第三十四條第二項ノ報告ヲ受ケタル日ヨリ二十日以內ニ之ヲ府縣參事會ノ決定ニ付スルコトヲ得

前項ノ決定アリタルトキハ同一事件ニ付

爲シタル異議ノ申立及市會ノ決定ハ無效トス

第二項若ハ第六項ノ裁決又ハ第三項ノ決定ニ不服アル者ハ行政裁判所ニ出訴スルコトヲ得

第一項ノ決定ニ付テハ市長ヨリモ訴願ヲ提起スルコトヲ得

第二項若ハ前項ノ裁決又ハ第三項ノ決定ニ付テハ府縣知事又ハ市長ヨリモ訴訟ヲ提起スルコトヲ得

第二十條、第三十三條又ハ第三十七條第一項若ハ第三項ノ選擧ハ之ニ關係アル選擧又ハ當選ニ關スル異議申立期間、異議ノ決定若ハ訴願ノ裁決確定セサル間又ハ訴訟ノ繫屬スル間之ヲ行フコトヲ得ス

市會議員ハ選擧又ハ當選ニ關スル決定若ハ裁決確定シ又ハ判決アル迄ハ會議ニ列席シ議事ニ參與スルノ權ヲ失ハス

第三十七條　選擧無效ト確定シタルトキハ三月以內ニ更ニ選擧ヲ行フヘシ

當選無效ト確定シタルトキハ直ニ選擧會ヲ開キ更ニ當選者ヲ定ムヘシ此ノ場合ニ於テハ第三十三條第三項及第四項ノ規定ヲ準用ス

當選者ナキトキ、當選者ナキニ至リタルトキ又ハ當選者其ノ選擧ニ於ケル議員ノ定數ニ達セサルトキ若ハ定數ニ達セサルニ至リタルトキハ三月以內ニ更ニ選擧ヲ行フヘシ第三十三條第五項及第六項ノ規定ハ第一項及前項ノ選擧ニ之ヲ準用ス

第三十八條　市會議員被選擧權ヲ有セサル者ナルトキ又ハ第三十二條第六項ニ揭クル者ナルトキハ其ノ職ヲ失フ其ノ被選擧權ノ有無又ハ第三十二條第六項ニ揭クル

者ニ該當スルヤ否ハ市會議員カ左ノ各號ノ一ニ該當スルニ因リ被選擧權ヲ有セサル場合ヲ除クノ外市會之ヲ決定ス

一　禁治産者又ハ準禁治産者ト爲リタルトキ

二　破産者ト爲リタルトキ

三　禁錮以上ノ刑ニ處セラレタルトキ

四　選擧ニ關スル犯罪ニ依リ罰金ノ刑ニ處セラレタルトキ

市長ハ市會議員中被選擧權ヲ有セサル者又ハ第三十二條第六項ニ揭クル者アリト認ムルトキハ之ヲ市會ノ決定ニ付スヘシ

市會ハ其ノ送付ヲ受ケタル日ヨリ十四日以內ニ之ヲ決定スヘシ

第一項ノ決定ヲ受ケタル者其決定ニ不服アルトキハ府縣參事會ニ訴願シ其ノ裁決又ハ第四項ノ裁決ニ不服アルトキハ行政裁判所ニ出訴スルコトヲ得

第一項ノ決定及前項ノ裁決ニ付テハ市長ヨリモ訴願又ハ訴訟ヲ提起スルコトヲ得

前二項ノ裁決ニ付テハ府縣知事ヨリモ訴訟ヲ提起スルコトヲ得

第三十六條第九項ノ規定ハ第一項及第三項ノ場合ニ之ヲ準用ス

第一項ノ決定ハ文書ヲ以テ之ヲ爲シ其ノ理由ヲ附シ之ヲ本人ニ交付スヘシ

第三十九條　第二十一條ノ三及第三十六條ノ場合ニ於テ府縣參事會ノ決定及裁決ハ府縣知事、市會ノ決定ハ市長直ニ之ヲ告示スヘシ

第三十九條ノ二　勅令ヲ以テ指定スル市（第六條ノ市ノ區ヲ含ム）ノ市會議員（又ハ區會議員）ノ選擧ニ付テハ府縣制第十三條ノ二、第十三條ノ三、第二十九條ノ

三及第三十四條ノ二ノ規定ヲ準用ス此ノ場合ニ於テハ第二十三條第三項及第五項、第二十五條第五項及第七項、第二十五條ノ三、第二十七條ノ二第二項第二十八條、第二十九條、第三十三條第一項竝第三十六條第一項ノ規定ニ拘ラス勅令ヲ以テ特別ノ規定ヲ設クルコトヲ得（同上）

第三十九條ノ三　前條ノ規定ニ依ル選擧ニ付テハ衆議院議員選擧法第十章及第十一章竝第四十條第二項及第百四十二條ノ規定ヲ準用ス但シ議員候補者一人ニ付定ムヘキ選擧事務所ノ數、選擧委員及選擧事務員ノ數竝選擧運動ノ費用ノ額ニ關シテハ勅令ノ定ムル所ニ依ル

前條ノ規定ニ依ル選擧ヲ除クノ外市會議員（又ハ第六條ノ市ノ區ノ區會議員）ノ選擧ニ付テハ衆議院議員選擧法第九十一條第九十二條、第九十八條、第九十九條、第二項、第百條及第百四十二條ノ規定ヲ準用ス

第四十條　本法又ハ本法ニ基キテ發スル勅令ニ依リ設置スル議會ノ議員選擧ニ付テハ衆議院議員選擧ニ關スル罰則ヲ準用ス

第二款　職務權限

第四十一條　市會ハ市ニ關スル事件及法律勅令ニ依リ其ノ權限ニ屬スル事件ヲ議決ス

第四十二條　市會ノ議決スヘキ事件ノ概目左ノ如シ

一　市條例及市規則ヲ設ケ又ハ改廢スル事

二　市費ヲ以テ支辨スヘキ事業ニ關スル事但シ第九十三條ノ事務及法律勅令ニ

規定アルモノハ此ノ限ニ在ラス
三　歳入出豫算ヲ定ムル事
四　決算報告ヲ認定スル事
五　法令ニ定ムルモノヲ除クノ外使用料、手數料、加入金、市税又ハ夫役現品ノ賦課徴收ニ關スル事
六　不動產ノ管理處分及取得ニ關スル事
七　基本財產及積立金穀等ノ設置管理及處分ニ關スル事
八　歳入出豫算ヲ以テ定ムルモノヲ除クノ外新ニ義務ノ負擔ヲ爲シ及權利ノ抛棄ヲ爲ス事
九　財產及營造物ノ管理方法ヲ定ムル事但シ法律勅令ニ規定アルモノハ此ノ限ニ在ラス
十　市吏員ノ身元保證ニ關スル事
十一　市ニ係ル訴願訴訟及和解ニ關スル事

第四十三條　市會ハ其ノ權限ニ屬スル事項ノ一部ヲ市參事會ニ委任スルコトヲ得

第四十四條　市會ハ法律勅令ニ依リ其ノ權限ニ屬スル選擧ヲ行フヘシ

第四十五條　市會ハ市ノ事務ニ關スル書類及計算書ヲ檢閲シ市長ノ報告ヲ請求シテ事務ノ管理、議決ノ執行及出納ヲ檢査スルコトヲ得

市會ハ議員中ヨリ委員ヲ選擧シ市長又ハ其ノ指名シタル吏員立會ノ上實地ニ就キ前項市會ノ權限ニ屬スル事件ヲ行ハシムルコトヲ得

第四十六條　市會ハ市ノ公益ニ關スル事件ニ付意見書ヲ關係行政廳ニ提出スルコトヲ得（同上）

第四十七條　市會ハ行政廳ノ諮問アルトキ

ハ意見ヲ答申スヘシ
市會ハ意見ヲ徵シテ處分ヲ爲スヘキ場合ニ於テ市會成立セス、招集ニ應セス若ハ意見ヲ提出セス又ハ市會ヲ招集スルコト能ハサルトキハ當該行政廳ハ其ノ意見ヲ俟タスシテ直ニ處分ヲ爲スコトヲ得

第四十八條　市會ハ議員中ヨリ議長及副議長一人ヲ選擧スヘシ
議長及副議長ノ任期ハ議員ノ任期ニ依ル

第四十九條　議長故障アルトキハ副議長之ニ代ハリ議長及副議長共ニ故障アルトキハ臨時ニ議員中ヨリ假議長ヲ選擧スヘシ
前項假議長ノ選擧ニ付テハ年長ノ議員議長ノ職務ヲ代理ス年齡同シキトキハ抽籤ヲ以テ之ヲ定ム

第五十條　市長及其ノ委任又ハ囑託ヲ受ケタル者ハ會議ニ列席シテ議事ニ參與スルコトヲ得但シ議決ニ加ハルコトヲ得ス
前項ノ列席者發言ヲ求ムルトキハ議長ハ直ニ之ヲ許スヘシ但シ之カ爲議員ノ演說ヲ中止セシムルコトヲ得ス

第五十一條　市會ハ市長之ヲ招集ス議員定數ノ三分ノ一以上ヨリ會議ニ付スヘキ事件ヲ示シテ市會招集ノ請求アルトキハ市長ハ之ヲ招集スヘシ（同上）
市長ハ會期ヲ定メテ市會ヲ招集スルコトヲ得此ノ場合ニ於テ必要アリト認ムルトキハ市長ハ更ニ期限ヲ定メ市會ノ會期ヲ延長スルコトヲ得（同上）
招集及會議ノ事件ハ開會ノ日前三日目迄ニ之ヲ告知スヘシ但シ急施ヲ要スル場合ハ此ノ限ニ在ラス
市會開會中急施ヲ要スル事件アルトキハ市長ハ直ニ之ヲ其ノ會議ニ付スルコトヲ

得會議ニ付スル日前三日目迄ニ告知ヲ爲シタル事件ニ付亦同シ

市會ハ市長之ヲ開閉ス

第五十二條 市會ハ議員定數ノ半數以上出席スルニ非サレハ會議ヲ開クコトヲ得ス但シ第五十四條ノ除斥ノ爲半數ニ滿タサルトキ、同一ノ事件ニ付招集再回ニ至ルモ仍半數ニ滿タサルトキ又ハ招集ニ應スルモ出席議員定數ヲ闕キ議長ニ於テ出席ヲ催告シ仍半數ニ滿タサルトキハ此ノ限ニ在ラス

第五十三條 市會ノ議事ハ過半數ヲ以テ決ス可否同數ナルトキハ議長ノ決スル所ニ依ル議長ハ其ノ職務ヲ行フ場合ニ於テモ之カ爲議員トシテ議決ニ加ハルノ權ヲ失ハス

第五十四條 議長及議員ハ自己又ハ父母、祖父母、妻、子孫、兄弟姉妹ノ一身上ニ關スル事件ニ付テハ其ノ議事ニ參與スルコトヲ得ス但シ市會ノ同意ヲ得タルトキハ會議ニ出席シ發言スルコトヲ得

第五十五條 法律勅令ニ依リ市會ニ於テ行フ選擧ニ付テハ第二十五條、第二十八條及第三十條ノ規定ヲ準用ス其ノ投票ノ效力ニ關シ異議アルトキハ市會之ヲ決定ス

(同上)

市會ハ議員中異議ナキトキハ前項ノ選擧ニ付指名推選ノ法ヲ用フルコトヲ得

指名推選ノ法ヲ用フル場合ニ於テハ被指名者ヲ以テ當選者ト定ムヘキヤ否ヲ會議ニ付シ議員全員ノ同意ヲ得タル者ヲ以テ當選者トス

一ノ選擧ヲ以テ二人以上ヲ選擧スル場合ニ於テハ被指名者ヲ區分シテ前項ノ規定

ヲ適用スルコトヲ得ス
第五十六條　市會ノ會議ハ公開ス但シ左ノ場合ハ此ノ限ニ在ラス
一　市長ヨリ傍聽禁止ノ要求ヲ受ケタルトキ
二　議長又ハ議員三人以上ノ發議ニ依リ傍聽禁止ヲ可決シタルトキ
前項議長又ハ議員ノ發議ハ討論ヲ須ヰス其ノ可否ヲ決スヘシ
第五十七條　議長ハ會議ヲ總理シ會議ノ順序ヲ定メ其ノ日ノ會議ヲ開閉シ議場ノ秩序ヲ保持ス
議員定數ノ半數以上ヨリ請求アルトキハ議長ハ其ノ日ノ會議ヲ開クコトヲ要ス此ノ場合ニ於テ議長仍會議ヲ開カサルトキハ第四十九條ノ例ニ依ル
前項議員ノ請求ニ依リ會議ヲ開キタルトキ又ハ議員中異議アルトキハ議長ハ會議ノ議決ニ依ルニ非サレハ其ノ日ノ會議ヲ閉チ又ハ中止スルコトヲ得ス
第五十七條ノ二　市會議員ハ市會ノ議決スヘキ事件ニ付市會ニ議案ヲ發スルコトヲ得但シ歳入出豫算ニ付テハ此ノ限ニ在ラス（同上）
前項ノ規定ニ依ル發案ハ議員三人以上ヨリ文書ヲ以テ之ヲ爲スコトヲ要ス（同上）
第五十八條　議員ハ選擧人ノ指示又ハ委囑ヲ受クヘカラス
議員ハ會議中無禮ノ語ヲ用ヰ又ハ他人ノ身上ニ渉リ言論スルコトヲ得ス
第五十九條　會議中本法又ハ會議規則ニ違ヒ其ノ他議場ノ秩序ヲ紊ス議員アルトキハ議長ハ之ヲ制止シ又ハ發言ヲ取消サシメ命ニ從ハサルトキハ當日ノ會議ヲ終ル

迄發言ヲ禁止シ又ハ議場外ニ退去セシメ必要アル場合ニ於テハ警察官吏ノ處分ヲ求ムルコトヲ得

議場騷擾ニシテ整理シ難キトキハ議長ハ當日ノ會議ヲ中止シ又ハ之ヲ閉ツルコトヲ得

第六十條　傍聽人公然可否ヲ表シ又ハ喧騷ニ渉リ其ノ他會議ノ妨害ヲ爲ストキハ議長ハ之ヲ制止シ命ニ從ハサルトキハ之ヲ退場セシメ必要アル場合ニ於テハ警察官吏ノ處分ヲ求ムルコトヲ得

傍聽席騷擾ナルトキハ議長ハ總テノ傍聽人ヲ退場セシメ必要アル場合ニ於テハ警察官吏ノ處分ヲ求ムルコトヲ得

第六十一條　市會ニ書記ヲ置キ議長ニ隸屬シテ庶務ヲ處理セシム

書記ハ議長之ヲ任免ス

第六十二條　議長ハ書記ヲシテ會議錄ヲ調製シ會議ノ顛末ヲ及出席議員ノ氏名ヲ記載セシムヘシ

會議錄ハ議長及議員二人以上之ニ署名スルコトヲ要ス其ノ議員ハ市會ニ於テ之ヲ定ムヘシ

議長ハ會議錄ヲ添ヘ會議ノ結果ヲ市長ニ報告スヘシ

第六十三條　市會ハ會議規則及傍聽人取締規則ヲ設クヘシ

會議規則ニハ本法及會議規則ニ違反シタル議員ニ對シ市會ノ議決ニ依リ五日以內出席ヲ停止スル規定ヲ設クルコトヲ得

第三章　市參事會

第一款　組織及選擧

第六十四條　市ニ市參事會ヲ置キ議長及名譽職參事會員ヲ以テ之ヲ組織ス（同上）

第六十五條　名譽職參事會員ノ定數ハ十人トス但シ勅令ヲ以テ指定スル市ニ於テハ市條例ヲ以テ十五人迄ヲ增加スルコトヲ得(同上)
名譽職參事會員ハ市會ニ於テ其ノ議員中ヨリ之ヲ選擧スヘシ(同上)
名譽職參事會員中闕員アルトキハ直ニ補闕選擧ヲ行フヘシ
名譽職參事會員ハ隔年之ヲ選擧スヘシ
名譽職參事會員ハ後任者ノ就任スルニ至ル迄在任ス市會議員ノ任期滿了シタルトキ亦同シ
名譽職參事會員ハ其ノ選擧ニ關シ第九十條ノ處分確定シ又ハ判決アル迄ハ會議ニ列席シ議事ニ參與スルノ權ヲ失ハス
第六十六條　市參事會ハ市長ヲ以テ議長トス市長故障アルトキハ市長代理者之ヲ代理ス

第二款　職務權限

第六十七條　市參事會ノ職務權限左ノ如シ
一　市會ノ權限ニ屬スル事件ニシテ其ノ委任ヲ受ケタルモノヲ議決スル事
二　市會成立セサルトキ、第五十二條但書ノ場合ニ於テ仍會議ヲ開クコト能ハサルトキ又ハ市長ニ於テ市會ヲ招集スルノ暇ナシト認ムルトキ市會ノ權限ニ屬スル事件ヲ市會ニ代ハリテ議決スルコト(同上)
三　其ノ他法令ニ依リ市參事會ノ權限ニ屬スル事件
第六十八條　市參事會ハ市長之ヲ招集ス名譽職參事會員定數ノ半數以上ヨリ會議ニ付スヘキ事件ヲ示シテ市參事會招集ノ請求アルトキハ市長ハ之ヲ招集スヘシ(同

上）

第六十九條 市參事會ノ會議ハ傍聽ヲ許サス

第七十條 市參事會ハ議長又ハ其ノ代理者及名譽職參事會員定數ノ半數以上出席スルニ非サレハ會議ヲ開クコトヲ得ス但シ第二項ノ除斥ノ爲名譽職參事會員其ノ半數ニ滿タサルトキ、同一ノ事件ニ付招集再回ニ至ルモ仍名譽職參事會員其ノ半數ニ滿タサルトキ又ハ招集ニ應スルモ出席名譽職參事會員定數ヲ闕キ議長ニ於テ出席ヲ催告シ仍半數ニ滿タサルトキハ此ノ限ニ在ラス

議長及參事會員ハ自己又ハ父母、祖父母、妻、子孫、兄弟姉妹ノ一身上ニ關スル事件ニ付テハ其ノ議事ニ參與スルコトヲ得ス但シ市參事會ノ同意ヲ得タルトキハ會議ニ出席シ發言スルコトヲ得

議長及其ノ代理者共ニ前項ノ場合ニ當ルトキハ年長ノ名譽職參事會員議長ノ職務ヲ代理ス

第七十一條 第四十六條第四十七條第五十條第五十一條第二項及第五項第五十三條第五十五條第五十七條乃至第五十九條第六十一條竝第六十二條第一項及第二項ノ規定ハ市參事會ニ之ヲ準用ス

第四章 市吏員

第一款 組織選擧及任免

第七十二條 削除（昭和四年第一項削除）

助役ノ定數ハ市條例ヲ以テ之ヲ增加スルコトヲ得

特別ノ必要アル市ニ於テハ市條例ヲ以テ市參與ヲ置クコトヲ得其ノ定數ハ其ノ市條例中ニ之ヲ規定スヘシ

第七十三條 市長ハ有給吏員トス但シ市條例ヲ以テ名譽職ト爲スコトヲ得（同上）
市長ノ任期ハ四年トス
市長ハ市會ニ於テ之ヲ選擧ス
市長ノ在職中ニ於テ行フ後任市長ノ選擧ハ現任市長ノ任期滿了ノ日前二十日以內又ハ現任市長ノ退職ノ申立アリタル場合ニ於テ其ノ退職スヘキ日前二十日以內ニ非サレハ之ヲ行フコトヲ得ス
第三項ノ選擧ニ於テ當選者定マリタルトキハ直ニ當選者ニ當選ノ旨ヲ告知スヘシ
市長ニ當選シタル者當選ノ告知ヲ受ケタルトキハ其ノ告知ヲ受ケタル日ヨリ二十日以內ニ其ノ當選ニ應スルヤ否ヲ申立ツヘシ其ノ期間內ニ當選ニ應スル旨ノ申立ヲ爲ササルトキハ當選ヲ辭シタルモノト看做ス

第三十二條第四項ノ規定ハ市長ニ當選シタル者ニ之ヲ準用ス
名譽職市長ハ市公民中選擧權ヲ有スル者ニ限ル
有給市長ハ其ノ退職セントスル日前三十日目迄ニ申立ツルニ非サレハ任期中退職スルコトヲ得ス但シ市會ノ承認ヲ得タルトキハ此ノ限ニ在ラス

第七十四條 市參與ハ名譽職トス但シ定數ノ全部又ハ一部ヲ有給吏員ト爲スコトヲ得此ノ場合ニ於テハ第七十二條第三項ノ市條例中ニ之ヲ規定スヘシ
市參與ハ市長ノ推薦ニ依リ市會之ヲ定ム（同上）
前條第四項乃至第七項ノ規定ハ市參與ニ之ヲ準用ス（同上）
名譽職市參與ハ市公民中選擧權ヲ有スル

者ニ限ル

第七十五條 助役ハ有給吏員トシ其ノ任期ハ四年トス

助役ハ市長ノ推薦ニ依リ市會之ヲ定メ市長職ニ在ラサルトキハ市會ニ於テ之ヲ選擧ス

第七十三條第四項乃至第七項及第九項ノ規定ハ助役ニ之ヲ準用ス(**同上**)

第七十六條 有給市長有給市參與及助役ハ第九條一項ノ規定ニ拘ラス在職ノ間其ノ市ノ公民トス(**同上**)

第七十七條 市長市參與及助役ハ第十八條第二項又ハ第五項ニ掲ケタル職ト兼ヌルコトヲ得ス又其ノ市ニ對シ請負ヲ爲シ又ハ其ノ市ニ於テ費用ヲ負擔スル事業ニ付市長若ハ其ノ委任ヲ受ケタル者ニ對シ請負ヲ爲ス者及其ノ支配人又ハ主トシテ同一ノ行爲ヲ爲ス法人ノ無限責任社員、取締役監査役若ハ之ニ準スヘキ者、淸算人及支配人タルコトヲ得ス

第七十八條 有給市長ハ府縣知事ノ許可ヲ受クルニ非サレハ他ノ報償アル業務ニ從事スルコトヲ得ス(**同上**)

市長有給市參與及助役ハ會社ノ取締役監査役若ハ之ニ準スヘキ者、淸算人又ハ支配人其ノ他ノ事務員タルコトヲ得ス

第七十九條 市ニ收入役一人ヲ置ク但シ市條例ヲ以テ副收入役ヲ置クコトヲ得

第七十三條第四項乃至第七項第七十五條第一項及第二項、第七十六條、第七十七條並前條第二項ノ規定ハ收入役及副收入役ニ之ヲ準用ス(**同上**)

市長市參與又ハ助役ト父子兄弟タル緣故アル者ハ收入役又ハ副收入役ノ職ニ在ル

コトヲ得ス收入役ト父子兄弟タル緣故アル者ハ副收入役ノ職ニ在ルコトヲ得ス

第八十條　第六條ノ市ノ區ニ區長一人ヲ置キ市有給吏員トシ市長之ヲ任免ス

第七十七條第一項及第七十八條第二項ノ規定ハ區長ニ之ヲ準用ス

第八十一條　第六條ノ市ノ區ニ區收入役一人又ハ區收入役及區副收入役各一人ヲ置ク

區收入役及區副收入役ハ第八十六條ノ吏員中市長、助役、市收入役、市副收入役又ハ區長トノ間及其ノ相互ノ間ニ父子兄弟タル緣故アラサル者ニ就キ市長之ヲ命ス

區收入役又ハ區副收入役ト爲リタル後市長、助役、市收入役、市副收入役又ハ區長トノ間ニ父子兄弟タル緣故ヲ生シタルトキハ區收入役又ハ區副收入役ハ其ノ職ヲ失フ

前項ノ規定ハ區收入役及區副收入役相互ノ間ニ於テ區副收入役ニ之ヲ準用ス

第八十二條　第六條ノ市ヲ除キ其ノ他ノ市ハ處務便宜ノ爲區ヲ劃シ區長及其ノ代理者一人ヲ置クコトヲ得

前項ノ區長及其ノ代理者ハ名譽職トス市公民中選擧權ヲ有スル者ヨリ市長ノ推薦ニ依リ市會之ヲ定ム此ノ場合ニ於テハ第七十三條第四項乃至第七項ノ規定ヲ準用ス（同上）

內務大臣ハ前項ノ規定ニ拘ラス區長ヲ有給吏員ト爲スヘキ市ヲ指定スルヲコト得

前項ノ區ニ付テハ第八十條第八十一條第九十四條第二項第九十七條第四項第九十八條及第九十九條ノ規定ヲ準用スルノ外必用ナル事項ハ勅令ヲ以テ之ヲ定ム

第八十三條　市ハ臨時又ハ常設ノ委員ヲ置クコトヲ得
委員ハ名譽職トス市會議員、名譽職參事會員又ハ市公民中選擧權ヲ有スル者ヨリ市長ノ推薦ニ依リ市會之ヲ定ム但シ委員長ハ市長又ハ其ノ委任ヲ受ケタル市參與若ハ助役ヲ以テ之ニ充ツ
第七十三條第四項乃至第七項ノ規定ハ委員ニ之ヲ準用ス（同上）
委員ノ組織ニ關シテハ市條例ヲ以テ別段ノ規定ヲ設クルコトヲ得
第八十四條　市公民ニ限リテ擔任スヘキ職務ニ在ル吏員又ハ職ニ就キタルカ爲市公民タル者選擧權ヲ有セサルニ至リタルトキハ其ノ職ヲ失フ
前項ノ職務ニ在ル者ニシテ禁錮以上ノ刑ニ當ルヘキ罪ノ爲豫審又ハ公判ニ付セラレタルトキハ監督官廳ハ其ノ職務ノ執行ヲ停止スルコトヲ得此ノ場合ニ於テハ其ノ停止期間報酬又ハ給料ヲ支給スルコトヲ得ス
第八十五條　前數條ニ定ムル者ノ外市ニ必要ノ有給吏員ヲ置キ市長之ヲ任免ス
前項吏員ノ定數ハ市會ノ議決ヲ經テ之ヲ定ム
第八十六條　前數條ニ定ムル者ノ外第六條及第八十二條第三項ノ市ノ區ニ必要ノ市有給吏員ヲ置キ區長ノ申請ニ依リ市長之ヲ任免ス
前項吏員ノ定數ハ市會ノ議決ヲ經テ之ヲ定ム

第二款　職務權限

第八十七條　市長ハ市ヲ統轄シ市ヲ代表ス
市長ノ擔任スル事務ノ概目左ノ如シ

一　市會及市參事會ノ議決ヲ經ヘキ事件ニ付其ノ議案ヲ發シ及其ノ議決ヲ執行スル事
二　財産及營造物ヲ管理スル事但シ特ニ之カ管理者ヲ置キタルトキハ其ノ事務ヲ監督スル事
三　收入支出ヲ命令シ及會計ヲ監督スル事
四　證書及公文書類ヲ保管スル事
五　法令又ハ市會ノ議決ニ依リ使用料、手數料、加入金、市稅又ハ夫役現品ヲ賦課徵收スルコト
六　其ノ他法令ニ依リ市長ノ職權ニ屬スル事項

第八十八條　削除

第八十九條　市長ハ市吏員ヲ指揮監督シ之ニ對シ懲戒ヲ行フコトヲ得其ノ懲戒處分ハ譴責及十圓以下ノ過怠金トス

第九十條　市會又ハ市參事會ノ議決又ハ選擧其ノ權限ヲ越エ又ハ法令若ハ會議規則ニ背クト認ムルトキハ市長ハ其ノ意見ニ依リ又ハ監督官廳ノ指揮ニ依リ理由ヲ示シテ之ヲ再議ニ付シ又ハ再選擧ヲ行ハシムヘシ但シ特別ノ事由アリト認ムルトキハ市長ハ議決ニ付テハ之ヲ再議ニ付セスシテ直ニ府縣參事會ノ裁決ヲ請フコトヲ得（同上）

前項ノ規定ニ依リ爲シタル市會又ハ市參事會ノ議決仍其ノ權限ヲ越エ又ハ法令若ハ會議規則ニ背クト認ムルトキハ市長ハ府縣參事會ノ裁決ヲ請フヘシ

監督官廳ハ前二項ノ議決又ハ選擧ヲ取消スコトヲ得

第一項若ハ第二項ノ議決又ハ前項ノ處分

ニ不服アル市長、市會又ハ市參事會ハ行政裁判所ニ出訴スルコトヲ得

第一項又ハ第二項ノ裁決ニ付テハ府縣知事ヨリモ訴訟ヲ提起スルコトヲ得

第九十條ノ二　市會又ハ市參事會ノ議決明ニ公益ヲ害スルト認ムルトキハ市長ハ其ノ意見ニ依リ又ハ監督官廳ノ指揮ニ依リ理由ヲ示シテ之ヲ再議ニ付スヘシ但シ特別ノ事由アリト認ムルトキハ市長ハ之ヲ再議ニ付セスシテ直ニ府縣知事ノ指揮ヲ請フコトヲ得(同上)

前項ノ規定ニ依リ爲シタル市會又ハ市參事會ノ議決仍明ニ公益ヲ害スト認ムルトキハ市長ハ府縣知事ノ指揮ヲ請フヘシ

市會又ハ市參事會ノ議決收支ニ關シ執行スルコト能ハサルモノアリト認ムルトキハ前二項ノ例ニ依ル左ニ掲クル費用ヲ削除シ又ハ減額シタル場合ニ於テ其ノ費用及之ニ伴フ收入ニ付亦同シ

一　法令ニ依リ負擔スル費用、當該官廳ノ職權ニ依リ命スル費用其ノ他市ノ義務ニ屬スル費用

二　非常ノ災害ニ因ル應急又ハ復舊ノ施設ノ爲ニ要スル費用傳染病豫防ノ爲ニ要スル費用其ノ他ノ緊急避クヘカラサル費用

前三項ノ規定ニ依ル府縣知事ノ處分ニ不服アル市長、市會又ハ市參事會ハ内務大臣ニ訴願スルコトヲ得

第九十一條　市會成立セサルトキ、第五十二條但書ノ場合ニ於テ仍會議ヲ開クコト能ハサルトキ又ハ市長ニ於テ市會ヲ招集スルノ暇ナシト認ムルトキハ市長ハ市會ノ權限ニ屬スル事件ヲ市參事會ノ議決ニ

付スルコトヲ得
前項ノ規定ニ依リ市參事會ニ於テ議決ヲ爲ストキハ市長市參與及助役ハ其ノ議決ニ加ハルコトヲ得ス
市參事會成立セサルトキ又ハ第七十條第一項但書ノ場合ニ於テ仍會議ヲ開クコト能ハサルトキハ市長ハ府縣知事ノ指揮ヲ請ヒ其ノ議決スヘキ事件ヲ處分スルコトヲ得（同上）
市會又ハ市參事會ノ決定スヘキ事件ニ關シテハ前三項ノ例ニ依ル此ノ場合ニ於ケル市參事會ノ決定又ハ市長ノ處分ニ關シテハ各本條ノ規定ニ準シ訴願又ハ訴訟ヲ提起スルコトヲ得（同上）
前四項ノ規定ニ依ル處置ニ付テハ次回ノ會議ニ於テ之ヲ市會又ハ市參事會ニ報告スヘシ

第九十二條　市參事會ニ於テ議決又ハ決定スヘキ事件ニ關シ臨時急施ヲ要スル場合ニ於テ市參事會成立セサルトキ又ハ市長ニ於テ之ヲ招集スルノ暇ナシト認ムルトキハ市長ハ之ヲ專決シ次回ノ會議ニ於テ之ヲ市參事會ニ報告スヘシ
前項ノ規定ニ依リ市長ノ爲シタル處分ニ關シテハ各本條ノ規定ニ準シ訴願又ハ訴訟ヲ提起スルコトヲ得

第九十二條ノ二　市會及市參事會ノ權限ニ屬スル事項ノ一部ハ其ノ議決ニ依リ市長ニ於テ專決處分スルコトヲ得（同上）

第九十三條　市長其ノ他市吏員ハ從來法令又ハ將來法律勅令ノ定ムル所ニ依リ國府縣其ノ他公共團體ノ事務ヲ掌ル（同上）
前項ノ事務ヲ執行スル爲要スル費用ハ市ノ負擔トス但シ法令中別段ノ規定アルモ

ノハ此ノ限ニ在ラス
第九十四條 市長ハ其ノ事務ノ一部ヲ助役ニ分掌セシムルコトヲ得但シ市ノ事務ニ付テハ豫メ市會ノ同意ヲ得ルコトヲ要ス
第六條ノ市ノ市長ハ前項ノ例ニ依リ其ノ事務ノ一部ヲ區長ニ分掌セシムルコトヲ得
市長ハ市吏員ヲシテ其ノ事務ノ一部ヲ臨時代理セシムルコトヲ得
第九十五條 市參與ハ市長ノ指揮監督ヲ承ケ市ノ經營ニ屬スル特別ノ事業ヲ擔任ス
第九十六條 助役ハ市長ノ事務ヲ補助ス
助役ハ市長故障アルトキ之ヲ代理ス助役數人アルトキハ豫メ市長ノ定メタル順序ニ依リ之ヲ代理ス
第九十七條 收入役ハ市ハ出納其ノ他ノ會計事務及第九十三條ノ事務ニ關スル國府縣其ノ他公共團體ノ出納其ノ他ノ會計事務ヲ掌ル但シ法令中別段ノ規定アルモノハ此ノ限ニ在ラス
副收入役ハ收入役ノ事務ヲ補助シ收入役故障アルトキ之ヲ代理ス副收入役數人アルトキハ豫メ市長ノ定メタル順序ニ依リ之ヲ代理ス
市長ハ收入役ノ事務ノ一部ヲ副收入役ニ分掌セシムルコトヲ得但シ市ノ出納其ノ他ノ會計事務ニ付テハ豫メ市會ノ同意ヲ得ルコトヲ要ス
第六條ノ市ノ市長ハ前項ノ例ニ依リ收入役ノ事務ノ一部ヲ區收入役ニ分掌セシムルコトヲ得
副收入役ヲ置カサル場合ニ於テハ市會ハ市長ノ推薦ニ依リ收入役故障アルトキ之ヲ代理スヘキ吏員ヲ定ムヘシ

第九十八條　第六條ノ市ノ區長ハ市長ノ命ヲ承ケ又ハ法令ノ定ムル所ニ依リ區內ニ關スル市ノ事務及區ノ事務ヲ掌ル

區長其ノ他區所屬ノ吏員ハ市長ノ命ヲ承ケ又ハ從來法令若ハ將來法律勅令ノ定ムル所ニ依リ國府縣其ノ他公共團體ノ事務ヲ掌ル（同上）

區長故障アルトキハ區收入役及區副收入役ニ非サル區所屬ノ吏員中上席者ヨリ順次之ヲ代理ス

第一項及第二項ノ事務ヲ執行スル爲要スル費用ハ市ノ負擔トス但シ法令中別段ノ規定アルモノハ此ノ限ニ在ラス

第九十九條　第六條市ノ區收入役ハ市收入役ノ命ヲ承ケ又ハ法令ノ定ムル所ニ依リ市及區ノ出納其ノ他ノ會計事務ヲ掌リ市收入役ノ命ヲ承ケ又ハ從來法令若ハ將來法律勅令ノ定ムル所ニ依リ國府縣其ノ他公共團體ノ出納其ノ他ノ會計事務ヲ掌ル（同上）

區長ハ市長ノ許可ヲ得テ區收入役ノ事務ノ一部ヲ區副收入役ニ分掌セシムルコトヲ得但シ區ノ出納其ノ他ノ會計事務ニ付テハ豫メ區會ノ同意ヲ得ルコトヲ要ス

市長ハ市ノ出納其ノ他ノ會計事務ニ付前項ノ許可ヲ爲ス場合ニ於テハ豫メ市會ノ同意ヲ得ルコトヲ要ス

區收入役ヲ置カサル場合ニ於テハ市長ハ區收入役故障アルトキ之ヲ代理スヘキ吏員ヲ定ムヘシ

區收入役及區副收入役ノ職務權限ニ關シテハ前四項ニ規定スルモノノ外市收入役及市副收入役ニ關スル規定ヲ準用ス

第百條　名譽職區長ハ市長ノ命ヲ承ケ市

長ノ事務ニシテ區内ニ關スルモノヲ補助ス

名譽職區長代理者ハ區長ノ事務ヲ補助シ區長故障アルトキ之ヲ代理ス

第百一條 委員ハ市長ノ指揮監督ヲ承ケ財産又ハ營造物ヲ管理シ其ノ他委託ヲ受ケタル市ノ事務ヲ調査シ又ハ之ヲ處辨ス

第百二條 第八十五條ノ吏員ハ市長ノ命ヲ承ケ事務ニ從事ス

第百三條 第八十六條ノ吏員ハ區長ノ命ヲ承ケ事務ニ從事ス

區長ハ前項ノ吏員ヲシテ其ノ事務ノ一部ヲ臨時代理セシムルコトヲ得

第五章 給料及給與

第百四條 名譽職市參與、市會議員、名譽職參事會員其ノ他ノ名譽職員ハ職務ノ爲要スル費用ノ辨償ヲ受クルコトヲ得

名譽職市長、名譽職市參與、名譽職區長名譽職區長代理者及委員ニハ費用辨償ノ外勤務ニ相當スル報酬ヲ給スルコトヲ得

(同上)

費用辨償額、報酬額及其ノ支給方法ハ市條例ヲ以テ之ヲ規定スヘシ**(同上)**

第百五條 有給市長、有給市參與、助役其ノ他ノ有給吏員ノ給料額、旅費及其ノ支給方法ハ市條例ヲ以テ之ヲ規定スヘシ

(同上)

第百六條 有給吏員ニハ市條例ノ定ムル所ニ依リ退隱料、退職給與金、死亡給與金又ハ遺族扶助料ヲ給スルコトヲ得

第百七條 費用辨償、報酬、給料、旅費、退隱料、退職給與金、死亡給與金又ハ遺族扶助料ノ給與ニ付關係者ニ於テ異議アルトキハ之ヲ市長ニ申立ツルコトヲ得

前項ノ異議申立アリタルトキハ市長ハ七日以内ニ之ヲ市參事會ノ決定ニ付スヘシ關係者其ノ決定ニ不服アルトキハ府縣參事會ニ訴願シ其ノ裁決又ハ第三項ノ裁決ニ不服アルトキハ行政裁判所ニ出訴スルコトヲ得

前項ノ決定及裁決ニ付テハ市長ヨリモ訴願又ハ訴訟ヲ提起スルコトヲ得

前二項ノ裁決ニ付テハ府縣知事ヨリモ訴訟ヲ提起スルコトヲ得

第百八條　費用辨償、報酬、給料、旅費、退隱料、退職給與金、死亡給與金、遺族扶助料其ノ他ノ給與ハ市ノ負擔トス

第六章　市ノ財務

第一款　財產營造物及市稅

第百九條　收益ノ爲ニスル市ノ財產ハ基本財產トシテ之ヲ維持スヘシ

市ハ特定ノ目的ノ爲特別ノ基本財產ヲ設ケ又ハ金穀等ヲ積立ツルコトヲ得

第百十條　舊來ノ慣行ニ依リ市住民中特ニ財產又ハ營造物ヲ使用スル權利ヲ有スル者アルトキハ其ノ舊慣ニ依ル舊慣ヲ變更又ハ廢止セントスルトキハ市會ノ議決ヲ經ヘシ

前項ノ財產又ハ營造物ヲ新ニ使用セムトスル者アルトキハ市ハ之ヲ許可スルコトヲ得

第百十一條　市ハ前條ニ規定スル財產ノ使用方法ニ關シ市規則ヲ設クルコトヲ得

第百十二條　市ハ第百十條第一項ノ使用者ヨリ使用料ヲ徵收シ同條第二項ノ使用ニ關シテハ使用料若ハ一時ノ加入金ヲ徵收シ又ハ使用料及加入金ヲ共ニ徵收スルコトヲ得

第百十三條　市ハ營造物ノ使用ニ付使用料

ヲ徵收スルコトヲ得

市ハ特ニ一個人ノ爲ニスル事務ニ付手數料ヲ徵收スルコトヲ得

第百十四條　財產ノ賣却貸與、工事ノ請負及物件勞力其ノ他ノ供給ハ競爭入札ニ付スヘシ但シ臨時急施ヲ要スルトキ、入札ノ價額其ノ費用ニ比シテ得失相償ハサルトキ又ハ市會ノ同意ヲ得タルトキハ此ノ限ニ在ラス

第百十五條　市ハ其ノ公益上必要アル場合ニ於テハ寄附又ハ補助ヲ爲スコトヲ得

第百十六條　市ハ其ノ必要ナル費用及從來法令ニ依リ又ハ將來法律勅令ニ依リ市ノ負擔ニ屬スル費用ヲ支辨スル義務ヲ負フ

市ハ其ノ財產ヨリ生スル收入、使用料、手數料、過料、過怠金其ノ他法令ニ依リ市ニ屬スル收入ヲ以テ前項ノ支出ニ充テ仍不足アルトキハ市稅及夫役現品ヲ賦課徵收スルコトヲ得

第百十七條　市稅トシテ賦課スルコトヲ得ヘキモノ左ノ如シ

一　直接國稅及府縣稅ノ附加稅

二　特別稅

直接國稅又ハ府縣稅ノ附加稅ハ均一ノ稅率ヲ以テ之ヲ徵收スヘシ但シ第百六十七條ノ規定ニ依リ許可ヲ受ケタル場合ハ此ノ限ニ在ラス（同上）

國稅ノ附加稅タル府縣稅ニ對シテハ附加稅ヲ賦課スルコトヲ得ス

特別稅ハ別ニ稅目ヲ起シテ課稅スルノ必要アルトキ賦課徵收スルモノトス

第百十八條　三月以上市內ニ滯在スル者ハ其ノ滯在ノ初ニ遡リ市稅ヲ納ムル義務ヲ負フ

第百十九條　市內ニ住所ヲ有セス又ハ三月以上滯在スルコトナシト雖市內ニ於テ土地家屋物件ヲ所有シ使用シ若ハ占有シ市內ニ營業所ヲ設ケテ營業ヲ爲シ又ハ市內ニ於テ特定ノ行爲ヲ爲ス者ハ其ノ土地家屋物件營業若ハ其ノ收入ニ對シ又ハ其ノ行爲ニ對シテ賦課スル市稅ヲ納ムル義務ヲ負フ

第百十九條ノ二　合併後存續スル法人又ハ合併ニ因リ設立シタル法人ハ合併ニ因リ消滅シタル法人ニ對シ其ノ合併前ノ事實ニ付賦課セラルヘキ市稅ヲ納ムル義務ヲ負フ（同上）

相續人又ハ相續財團ハ勅令ノ定ムル所ニ依リ被相續人ニ對シ其ノ相續開始前ノ事實ニ付賦課セラルヘキ市稅ヲ納ムル義務ヲ負フ

第百二十條　納稅者ノ市外ニ於テ所有シ使用シ占有スル土地家屋物件若ハ其ノ收入又ハ市外ニ於テ營業所ヲ設ケタル營業若ハ其ノ收入ニ對シテハ市稅ヲ賦課スルコトヲ得ス

市ノ內外ニ於テ營業所ヲ設ケ營業ヲ爲ス者ニシテ其ノ營業又ハ收入ニ對スル本稅ヲ分別シテ納メサルモノニ對シ附加稅ヲ賦課スル場合及住所滯在市ノ內外ニ涉ル者ノ收入ニシテ土地家屋物件又ハ營業所ヲ設ケタル營業ヨリ生スル收入ニ非サルモノニ對シ市稅ヲ賦課スル場合ニ付テハ勅令ヲ以テ之ヲ定ム

第百二十一條　所得稅法第十六條ニ揭クル所得ニ對シテハ市稅ヲ賦課スルコトヲ得ス

神社寺院祠宇佛堂ノ用ニ供スル建物及其ノ境內地竝敎會所說敎所ノ用ニ供スル建

物及其ノ構内地ニ對シテハ市税ヲ賦課スルコトヲ得ス但シ有料ニテ之ヲ使用セシムル者及住宅ヲ以テ教會所說教所ノ用ニ充ツル者ニ對シテハ此ノ限ニ在ラス

國府縣市町村其ノ他公共團體ニ於テ公用ニ供スル家屋物件及營造物ニ對シテハ市税ヲ賦課スルコトヲ得ス但シ有料ニテ之ヲ使用セシムル者及使用收益者ニ對シテハ此ノ限ニ在ラス

國ノ事業又ハ行爲及國有ノ土地家屋物件ニ對シテハ國ニ市税ヲ賦課スルコトヲ得ス

前四項ノ外市税ヲ賦課スルコトヲ得サルモノハ別ニ法律勅令ノ定ムル所ニ依ル

第百二十一條ノ二 市ハ公益上其ノ他ノ事由ニ因リ課税ヲ不適當トスル場合ニ於テハ命令ノ定ムル所ニ依リ市税ヲ課セサルコトヲ得

第百二十二條 數人ヲ利スル營造物ノ設置維持其ノ他ノ必要ナル費用ハ其ノ關係者ニ負擔セシムルコトヲ得

市ノ一部ヲ利スル營造物ノ設置維持其ノ他ノ必要ナル費用ハ其ノ部内ニ於テ市税ヲ納ムル義務アル者ニ負擔セシムルコトヲ得

前二項ノ場合ニ於テ營造物ヨリ生スル收入アルトキハ先ツ其ノ收入ヲ以テ其ノ費用ニ充ツヘシ前項ノ場合ニ於テ其ノ一部ノ收入アルトキ亦同シ

數人又ハ市ノ一部ニ利スル財産ニ付テハ前三項ノ例ニ依ル

第百二十三條 市税ノ賦課徵收ニ關シテハ本法其ノ他ノ法律ニ規定アルモノノ外勅令ヲ以テ之ヲ定ムルコトヲ得（**同上**）

第百二十四條　數人又ハ市ノ一部ニ對シ特ニ利益アル事業ニ關シテハ市ハ不均一ノ賦課ヲ爲シ又ハ數人若ハ市ノ一部ニ對シ賦課ヲ爲スコトヲ得

第百二十五條　夫役又ハ現品ハ直接市税ヲ準率ト爲シ且之ヲ金額ニ算出シテ賦課スヘシ但シ第百六十七條ノ規定ニ依リ許可ヲ受ケタル場合ハ此ノ限ニ在ラス

學藝美術及手工ニ關スル勞務ニ付テハ夫役ヲ賦課スルコトヲ得ス

夫役ヲ賦課セラレタル者ハ本人自ラ之ニ當リ又ハ適當ノ代人ヲ出スコトヲ得

夫役又ハ現品ハ金錢ヲ以テ之ニ代フルコトヲ得

第一項及前項ノ規定ハ急迫ノ場合ニ賦課スル夫役ニ付テハ之ヲ適用セス

第百二十六條　非常災害ノ爲必要アルトキハ市ハ他人ノ土地ヲ一時使用シ又ハ其ノ土石竹木其ノ他ノ物品ヲ使用シ若ハ收用スルコトヲ得但シ其ノ損失ヲ補償スヘシ

前項ノ場合ニ於テ危險防止ノ爲必要アルトキハ市長、警察官吏又ハ監督官廳ハ市内ノ居住者ヲシテ防禦ニ從事セシムルコトヲ得

第一項但書ノ規定ニ依リ補償スヘキ金額ハ協議ニ依リ之ヲ定ム協議調ハサルトキハ鑑定人ノ意見ヲ徴シ府縣知事之ヲ決定ス決定ヲ受ケタル者其ノ決定ニ不服アルトキハ内務大臣ニ訴願スルコトヲ得

前項ノ決定ハ文書ヲ以テ之ヲ爲シ其ノ理由ヲ附シ之ヲ本人ニ交付スヘシ

第一項ノ規定ニ依リ土地ノ一時使用ノ處分ヲ受ケタル者其ノ處分ニ不服アルトキハ府縣知事ニ訴願シ其ノ裁決ニ不服アル

トキハ内務大臣ニ訴願スルコトヲ得

第百二十七條　市稅ノ賦課ニ關シ必要アル場合ニ於テハ當該吏員ハ日出ヨリ日沒迄ノ間營業者ニ關シテハ仍其ノ營業時間內家宅若ハ營業所ニ臨檢シ又ハ帳簿物件ノ檢査ヲ爲スコトヲ得

前項ノ場合ニ於テハ當該吏員ハ其ノ身分ヲ證明スヘキ證票ヲ携帶スヘシ

第百二十八條　市長ハ納稅者中特別ノ事情アル者ニ對シ納稅延期ヲ許スコトヲ得其ノ年度ヲ越ユル場合ハ市參事會ノ議決ヲ經ヘシ

市ハ特別ノ事情アル者ニ限リ市稅ヲ減免スルコトヲ得

第百二十九條　使用料手數料及特別稅ニ關スル事項ニ付テハ市條例ヲ以テ之ヲ規定スヘシ

詐僞其ノ他ノ不正ノ行爲ニ依リ使用料ノ徵收ヲ免レ又ハ市稅ヲ逋脫シタル者ニ付テハ市條例ヲ以テ其ノ徵收ヲ免レ又ハ逋脫シタル金額ノ三倍ニ相當スル金額（其ノ金額五圓未滿ナルトキハ五圓）以下ノ過料ヲ科スル規定ヲ設クルコトヲ得

前項ニ定ムルモノヲ除クノ外使用料、手數料及市稅ノ賦課徵收ニ關シテハ市條例ヲ以テ五圓以下ノ過料ヲ科スル規定ヲ設クルコトヲ得財產又ハ營造物ノ使用ニ關シ亦同シ

過料ノ處分ヲ受ケタル者其ノ處分ニ不服アルトキハ府縣參事會ニ訴願シ其ノ裁決ニ不服アルトキハ行政裁判所ニ出訴スルコトヲ得

前項ノ裁決ニ付テハ府縣知事又ハ市長ヨリモ訴訟ヲ提起スルコトヲ得

第百三十條　市稅ノ賦課ヲ受ケタル者其ノ

賦課ニ付違法又ハ錯誤アリト認ムルトキハ徴稅令書ノ交付ヲ受ケタル日ヨリ三月以内ニ市長ニ異議ノ申立ヲ爲スコトヲ得

財産又ハ營造物ヲ使用スル權利ニ關シ異議アル者ハ之ヲ市長ニ申立ツルコトヲ得

前二項ノ異議ノ申立アリタルトキハ市長ハ七日以内ニ之ヲ市參事會ノ決定ニ付スヘシ

決定ヲ受ケタル者其ノ決定ニ不服アルトキハ府縣參事會ニ訴願シ其ノ裁決又ハ第五項ノ裁決ニ不服アルトキハ行政裁判所ニ出訴スルコトヲ得

第一項及前項ノ規定ハ使用料手數料及加入金ノ徴收竝夫役現品ノ賦課ニ關シ之ヲ準用ス

前二項ノ規定ニ依ル決定及裁決ニ付テハ市長ヨリモ訴訟ヲ提起スルコトヲ得

前三項ノ規定ニ依ル裁決ニ付テハ府縣知事ヨリモ訴訟ヲ提起スルコトヲ得

第百三十一條　市稅、使用料、手數料、加入金、過料、過怠金其ノ他ノ市ノ收入ヲ定期内ニ納メサル者アルトキハ市長ハ期限ヲ指定シテ之ヲ督促スヘシ

夫役現品ノ賦課ヲ受ケタル者定期内ニ其ノ履行ヲ爲サス又ハ夫役現品ニ代フル金錢ヲ納メサルトキハ市長ハ期限ヲ指定シテ之ヲ督促スヘシ急迫ノ場合ニ賦課シタル夫役ニ付テハ更ニ之ヲ金額ニ算出シ期限ヲ指定シテ其ノ納付ヲ命スヘシ

前二項ノ場合ニ於テハ市條例ノ定ムル所ニ依リ手數料ヲ徴收スルコトヲ得

滯納者第一項又ハ第二項ノ督促又ハ命令ヲ受ケ其ノ指定ノ期限内ニ之ヲ完納セサルトキハ國稅滯納處分ノ例ニ依リ之ヲ處

分スヘシ
第一項乃至第三項ノ徵收金ハ府縣ノ徵收金ニ次テ先取特權ヲ有シ其ノ追徵還付及時效ニ付テハ國稅ノ例ニ依ル
前三項ノ處分ニ不服アル者ハ府縣參事會ニ訴願シ其ノ裁決ニ不服アルトキハ行政裁判所ニ出訴スルコトヲ得
前項ノ裁決ニ付テハ府縣知事又ハ市長ヨリモ訴訟ヲ提起スルコトヲ得
第四項ノ處分中差押物件ノ公賣ハ處分ノ確定ニ至ル迄執行ヲ停止ス

第百三十二條 市ハ其ノ負擔ヲ償還スル爲市ノ永久ノ利益ト爲ルヘキ支出ヲ爲ス爲又ハ天災事變等ノ爲必要アル場合ニ限リ市債ヲ起スコトヲ得
市債ヲ起スニ付市會ノ議決ヲ經ルトキハ併セテ市債ノ方法、利息ノ定率及償還ノ方法ニ付議決ヲ經ヘシ
市長ハ豫算內ノ支出ヲ爲ス爲市參事會ノ議決ヲ經テ一時ノ借入金ヲ爲スコトヲ得
前項ノ借入金ハ其ノ會計年度內ノ收入ヲ以テ償還スヘシ

第二款 歲入出豫算及決算

第百三十三條 市長ハ每會計年度歲入出豫算ヲ調製シ遲クトモ年度開始ノ一月前ニ市會ノ議決ヲ經ヘシ
市ノ會計年度ハ政府ノ會計年度ニ依ル
豫算ヲ市會ニ提出スルトキハ市長ハ併セテ事務報告書及財產表ヲ提出スヘシ

第百三十四條 市長ハ市會ノ議決ヲ經テ既定豫算ノ追加又ハ更正ヲ爲スコトヲ得

第百三十五條 市費ヲ以テ支辨スル事件ニシテ數年ヲ期シテ其ノ費用ヲ支出スヘキモノハ市會ノ議決ヲ經テ其ノ年期間各年

度ノ支出額ヲ定メ繼續費ト爲スコトヲ得
第百三十六條 市ハ豫算外ノ支出又ハ豫算超過ノ支出ニ充ツル爲豫備費ヲ設クヘシ
特別會計ニハ豫備費ヲ設ケサルコトヲ得
豫備費ハ市會ノ否決シタル費途ニ充ツルコトヲ得ス
第百三十七條 豫算ハ議決ヲ經タル後直ニ之ヲ府縣知事ニ報告シ且其ノ要領ヲ告示スヘシ
第百三十八條 市ハ特別會計ヲ設クルコトヲ得
第百三十九條 市會ニ於テ豫算ヲ議決シタルトキハ市長ヨリ其ノ謄本ヲ收入役ニ交付スヘシ
收入役ハ市長又ハ監督官廳ノ命令アルニ非サレハ支拂ヲ爲スコトヲ得ス命令ヲ受クルモ支出ノ豫算ナク且豫備費支出費目流用其ノ他財務ニ關スル規定ニ依リ支出ヲ爲スコトヲ得サルトキ亦同シ
第百四十條 市ノ支拂金ニ關スル時效ニ付テハ政府ノ支拂金ノ例ニ依ル
第百四十一條 市ノ出納ハ毎月例日ヲ定メテ之ヲ檢査シ且毎會計年度少クトモ二回臨時檢査ヲ爲スヘシ
檢査ハ市長之ヲ爲シ臨時檢査ニハ名譽職參事會員ニ於テ互選シタル參事會員二人以上ノ立會ヲ要ス
第百四十二條 市ノ出納ハ翌年度五月三十一日ヲ以テ閉鎖ス
決算ハ出納閉鎖後一月以內ニ證書類ヲ併セテ收入役ヨリ之ヲ市長ニ提出スヘシ市長ハ之ヲ審査シ意見ヲ付シテ次ノ通常豫算ヲ議スル會議迄ニ之ヲ市會ノ認定ニ付スヘシ

決算ハ其ノ認定ニ關スル市會ノ議決ト共ニ之ヲ府縣知事ニ報告シ且ツ其ノ要領ヲ告示スヘシ

第百四十三條 豫算調製ノ式、費目流用其ノ他財務ニ關シ必要ナル規定ハ内務大臣之ヲ定ム

第七章 市ノ一部ノ事務

第百四十四條 市ノ一部ニシテ財産ヲ有シ又ハ營造物ヲ設ケタルモノアルトキハ其ノ財産又ハ營造物ノ管理及處分ニ付テハ本法中市ノ財産又ハ營造物ニ關スル規定ニ依ル但シ法律勅令中別段ノ規定アル場合ハ此ノ限ニ在ラス

前項ノ財産又ハ營造物ニ關シ特ニ要スル費用ハ其ノ財産又ハ營造物ノ屬スル市ノ一部ノ負擔トス

前二項ノ場合ニ於テハ市ノ一部ハ其ノ會計ヲ分別スヘシ

第百四十五條 前條ノ財産又ハ營造物ニ關シ必要アリト認ムルトキハ府縣知事ハ市會ノ意見ヲ徴シ府縣參事會ノ議決ヲ經テ市條例ヲ設定シ區會ヲ設ケテ市會ノ議決スヘキ事項ヲ議決セシムルコトヲ得

第百四十六條 區會議員ハ市ノ名譽職トス其ノ定數、任期、選擧權及被選擧權ニ關スル事項ハ前條ノ市條例中ニ之ヲ規定スヘシ

區會議員ノ選擧ニ付テハ市會議員ニ關スル規定ヲ準用ス但シ選擧若ハ當選ノ效力ニ關スル異議ノ決定及被選擧權ノ有無ノ決定ハ市會ニ於テ之ヲ爲スヘシ(同上)

區會ニ關シテハ市會ニ關スル規定ヲ準用ス

第百四十七條 第百四十四條ノ場合ニ於テ

市ノ一部府縣知事ノ處分ニ不服アルトキハ内務大臣ニ訴願スルコトヲ得

第百四十八條 第百四十四條ノ市ノ一部ノ事務ニ關シテハ本法ニ規定スルモノノ外勅令ヲ以テ之ヲ定ム

第八章 市町村組合

第百四十九條 市町村ハ其ノ事務ノ一部ヲ共同處理スル爲其ノ協議ニ依リ府縣知事ノ許可ヲ得テ市町村組合ヲ設クルコトヲ得

公益上必要アル場合ニ於テハ府縣知事ハ關係アル市町村會ノ意見ヲ徴シ府縣參事會ノ議決ヲ經テ前項ノ市町村組合ヲ設クルコトヲ得

市町村組合ハ法人トス

第百五十條 市町村組合ニシテ其ノ組合市町村ノ數ヲ增減シ又ハ共同事務ノ變更ヲ爲サムトスルトキハ關係市町村ノ協議ニ依リ府縣知事ノ許可ヲ受クヘシ

公益上必要アル場合ニ於テハ府縣知事ハ關係アル市町村會ノ意見ヲ徴シ府縣參事會ノ議決ヲ經テ組合市町村ノ數ヲ增減シ又ハ共同事務ノ變更ヲ爲スコトヲ得

第百五十一條 市町村組合ヲ設クルトキハ關係市町村ノ協議ニ依リ組合規約ヲ定メ府縣知事ノ許可ヲ受クヘシ組合規約ヲ變更セムトスルトキ亦同シ

公益上必要アル場合ニ於テハ府縣知事ハ關係アル市町村會ノ意見ヲ徴シ府縣參事會ノ議決ヲ經テ組合規約ヲ定メ又ハ變更スルコトヲ得

第百五十二條 組合規約ニハ組合ノ名稱、組合ヲ組織スル市町村、組合ノ共同事務、組合役場ノ位置、組合會ノ組織及組合會

議員ノ選擧、組合吏員ノ組織及選任竝組合費用ノ支辨方法ニ付規定ヲ設クヘシ

第百五十三條 市町村組合ヲ解カムトスルトキハ關係市町村ノ協議ニ依リ府縣知事ノ許可ヲ受クヘシ

公益上必要アル場合ニ於テハ府縣知事ハ關係アル市町村會ノ意見ヲ徴シ府縣參事會ノ議決ヲ經テ市町村組合ヲ解クコトヲ得

第百五十四條 第百五十條第一項及前條第一項ノ場合ニ於テ財產ノ處分ニ關スル事項ハ關係市町村ノ協議ニ依リ之ヲ定ム

第百五十條第二項及前條第二項ノ場合ニ於テ財產ノ處分ニ關スル事項ハ關係アル市町村會ノ意見ニ徴シ府縣參事會ノ議決ヲ經テ府縣知事之ヲ定ム

第百五十五條 第百四十九條第一項第百五十條第一項第百五十一條第一項第百五十三條第一項及前條第二項ノ規定ニ依ル府縣知事ノ處分ニ不服アル市町村又ハ市町村組合ハ內務大臣ニ訴願スルコトヲ得

組合費ノ分賦ニ關シ違法又ハ錯誤アリト認ムル市町村ハ其ノ告知アリタル日ヨリ三月以內ニ組合ノ管理者ニ異議ノ申立ヲ爲スコトヲ得

前項ノ異議ノ申立アリタルトキハ組合ノ管理者ハ七日以內ニ之ヲ組合會ノ決定ニ付スヘシ其ノ決定ニ不服アル市町村ハ府縣參事會ニ訴願シ其ノ裁決又ハ第四項ノ裁決ニ不服アルトキハ行政裁判所ニ出訴スルコトヲ得

前項ノ決定及裁決ニ付テハ組合ノ管理者ヨリモ訴願又ハ訴訟ヲ提起スルコトヲ得

前二項ノ裁決ニ付テハ府縣知事ヨリモ訴

訟ヲ提起スルコトヲ得

第百五十六條 市町村組合ニ關シテハ法律勅令中別段ノ規定アル場合ヲ除クノ外市ニ關スル規定ヲ準用ス

第九章 市ノ監督

第百五十七條 市ハ第一次ニ於テ府縣知事之ヲ監督シ第二次ニ於テ内務大臣之ヲ監督ス

第百五十八條 本法中別段ノ規定アル場合ヲ除クノ外市ノ監督ニ關スル府縣知事ノ處分ニ不服アル市ハ内務大臣ニ訴願スルコトヲ得

第百五十九條 本法中行政裁判所ニ出訴スルコトヲ得ヘキ場合ニ於テハ内務大臣ニ訴願スルコトヲ得

第百六十條 異議ノ申立又ハ訴願ノ提起ハ處分決定又ハ裁決アリタル日ヨリ二十

一日以内ニ之ヲ爲スヘシ但シ本法中別ニ期間ヲ定メタルモノハ此ノ限ニ在ラス

行政訴訟ノ提起ハ處分決定裁定又ハ裁決アリタル日ヨリ三十日以内ニ之ヲ爲スヘシ

決定書又ハ裁決書ノ交付ヲ受ケサル者ニ關シテハ前二項ノ期間ハ告示ノ日ヨリ之ヲ起算ス

異議ノ申立ニ關スル期間ノ計算ニ付テハ訴願法ノ規定ニ依ル

異議ノ申立ハ期限經過後ニ於テモ宥恕スヘキ事由アリト認ムルトキハ仍之ヲ受理スルコトヲ得

異議ノ決定ハ文書ヲ以テ之ヲ爲シ其ノ理由ヲ付シ之ヲ申立人ニ交付スヘシ

異議ノ申立アルモ處分ノ執行ハ之ヲ停止セス但シ行政廳ハ其ノ職權ニ依リ又ハ關

係者ノ請求ニ依リ必要ト認ムルトキハ之ヲ停止スルコトヲ得

第百六十條ノ二　異議ノ決定ハ本法中別ニ期間ヲ定メタルモノヲ除クノ外其ノ決定ニ付セラレタル日ヨリ三月以内ニ之ヲ爲スヘシ

府縣參事會訴願ヲ受理シタルトキハ其ノ日ヨリ三月以内ニ之ヲ裁決スヘシ

第百六十一條　監督官廳ハ市ノ監督上必要アル場合ニ於テハ事務ノ報告ヲ爲サシメ書類帳簿ヲ徴シ及實地ニ就キ事務ヲ視察シ又ハ出納ヲ檢閲スルコトヲ得

監督官廳ハ市ノ監督上必要ナル命令ヲ發シ又ハ處分ヲ爲スコトヲ得

上級監督官廳ハ下級監督官廳ノ市ノ監督ニ關シテ爲シタル命令又ハ處分ヲ停止シ又ハ取消スコトヲ得

第百六十二條　内務大臣ハ市會ノ解散ヲ命スルコトヲ得

市會解散ノ場合ニ於テハ三月以内ニ議員ヲ選擧スヘシ

第百六十三條　市ニ於テ法令ニ依リ負擔シ又ハ當該官廳ノ職權ニ依リ命スル費用ヲ豫算ニ載セサルトキハ府縣知事ハ理由ヲ示シテ其ノ費用ヲ豫算ニ加フルコトヲ得

市長其ノ他ノ吏員其ノ執行スヘキ事件ヲ執行セサルトキハ府縣知事又ハ其ノ委任ヲ受ケタル官吏々員之ヲ執行スルコトヲ得但シ其ノ費用ハ市ノ負擔トス

前二項ノ處分ニ不服アル市又ハ市長其ノ他ノ吏員ハ行政裁判所ニ出訴スルコトヲ得

第百六十四條　市長、助役、收入役又ハ副收入役ニ故障アルトキハ監督官廳ハ臨時代理者ヲ選任シ又ハ官吏ヲ派遣シ其ノ職務ヲ管掌セシムルコトヲ得但シ官吏ヲ派遣シタル場合ニ於テハ其ノ旅費ハ市費ヲ以テ辨償セシムヘシ

臨時代理者ハ有給ノ市吏員トシ其ノ給料額旅費額等ハ監督官廳之ヲ定ム

第百六十五條 削除(同上)

第百六十六條 削除(同上)

第百六十七條 左ニ掲クル事件ハ府縣知事ノ許可ヲ受クヘシ但シ第一號、第四號、第六號及第十一號ニ掲クル事件ニシテ勅令ヲ以テ指定スルモノハ其ノ定ムル所ニ依リ主務大臣ノ許可ヲ受クヘシ(同上)

一 市條例ヲ設ケ又ハ改廢スルコト

二 基本財産及特別基本財産ノ處分ニ關スルコト

三 第百十條ノ規定ニ依リ舊慣ヲ變更シ又ハ廢止スルコト

四 使用料ヲ新設シ又ハ變更スルコト

五 均一ノ税率ニ依ラスシテ國税又ハ府縣税ノ附加税ヲ賦課スルコト

六 特別税ヲ新設シ又ハ變更スルコト

七 第百二十二條第一項、第二項及第四項ノ規定ニ依リ數人又ハ市ノ一部ニ費用ヲ負擔セシムルコト

八 第百二十四條ノ規定ニ依リ不均一ノ賦課ヲ爲シ又ハ數人若ハ市ノ一部ニ對シ賦課ヲ爲スコト

九 第百二十五條ノ準率ニ依ラスシテ夫役現品ヲ賦課スルコト但シ急迫ノ場合ニ賦課スル夫役ニ付テハ此ノ限ニ在ラス

十 繼續費ヲ定メ又ハ變更スルコト

十一 市債ヲ起シ並ニ起債ノ方法、利息

ノ定率及償還ノ方法ヲ定メ又ハ之ヲ變更スルコト但シ第百三十二條第三項ノ借入金ハ此ノ限ニ在ラス(同上)

第百六十八條 監督官廳ノ許可ヲ要スル事件ニ付テハ監督官廳ハ許可申請ノ趣旨ニ反セスト認ムル範圍内ニ於テ更正シテ許可ヲ與フルコトヲ得

第百六十九條 監督官廳ノ許可ヲ要スル事件ニ付テハ勅令ノ定ムル所ニ依リ其ノ許可ノ職權ヲ下級監督官廳ニ委任シ又ハ輕易ナル事件ニ限リ許可ヲ受ケシメサルコトヲ得

第百七十條 府縣知事ハ市長、市參與、助役、收入役、副收入役、區長、區長代理者、委員其ノ他市吏員ニ對シ懲戒ヲ行フコトヲ得其ノ懲戒處分ハ譴責、二十五圓以下ノ過怠金及解職トス但シ市長、市參與、助役、收入役、副收入役及第六條又ハ第八十二條第三項ノ市ノ區長ニ對スル解職ハ懲戒審査會ノ議決ヲ經ルコトヲ要ス(同上)

懲戒審査會ハ内務大臣ノ命シタル府縣高等官三人及府縣名譽職參事會員ニ於テ互選シタル者三人ヲ以テ其ノ會員トシ府縣知事ヲ以テ會長トス知事故障アルトキハ其ノ代理者會長ノ職務ヲ行フ

府縣名譽職參事會員ノ互選スヘキ會員ノ選擧補闕及任期並懲戒審査會ノ招集及會議ニ付テハ府縣制中名譽職參事會員及府縣參事會ニ關スル規定ヲ準用ス但シ補充員ハ之ヲ設クルノ限ニ在ラス

解職ノ處分ヲ受ケタル者其ノ處分ニ不服アルトキハ内務大臣ニ訴願スルコトヲ得

(昭和四年但書削除)

府縣知事ハ市長、市參與、助役、收入役副收入役及第六條又ハ第八十二條第三項ノ市ノ區長ノ解職ヲ行ハムトスル前其ノ停職ヲ命スルコトヲ得此ノ場合ニ於テハ其ノ停職期間報酬又ハ給料ヲ支給スルコトヲ得ス

懲戒ニ依リ解職セラレタル者ハ二年間北海道府縣、市町村其ノ他之ニ準スヘキモノノ公職ニ就クコトヲ得ス(同上)

第百七十一條　市吏員ノ服務紀律、賠償責任、身元保證及事務引繼ニ關スル規定ハ命令ヲ以テ之ヲ定ム

前項ノ命令ニハ事務引繼ヲ拒ミタル者ニ對シ二十五圓以下ノ過料ヲ科スル規定ヲ設クルコトヲ得

第十章　雜則

第百七十二條　府縣知事又ハ府縣參事會ノ職權ニ屬スル事件ニシテ數府縣ニ渉ルモノアルトキハ内務大臣ハ關係府縣知事ノ具狀ニ依リ其ノ事件ヲ管理スヘキ府縣知事又ハ府縣參事會ヲ指定スヘシ

第百七十三條　本法ニ規定スルモノノ外第六條ノ市ノ有給吏員ノ組織任用分限及其ノ區ニ關シ必要ナル事項ハ勅令ヲ以テ之ヲ定ム

第百七十四條　第十三條ノ人口ハ内務大臣ノ定ムル所ニ依ル

第百七十五條　本法ニ於ケル直接稅及間接稅ノ種類ハ内務大臣及大藏大臣之ヲ定ム

第百七十六條　市又ハ市町村組合ノ廢置分合又ハ境界變更アリタル場合ニ於テ市ノ事務ニ付必要ナル事項ハ本法ニ規定スルモノノ外勅令ヲ以テ之ヲ定ム

第百七十七條　本法中府縣、府縣制、府縣

知事、府縣參事會、府縣名譽職參事會員、府縣高等官、所屬府縣ノ官吏若ハ有給吏員、府縣稅又ハ直接府縣稅ニ關スル規定ハ北海道ニ付テハ各地方費、道會法、道廳長官、道參事會、道名譽職參事會員、道廳高等官、道廳ノ官吏若ハ地方費ノ有給吏員、北海道地方稅又ハ直接北海道地方稅ニ、町村又ハ町村會ニ關スル規定ハ北海道ニ付テハ各町村又ハ町村會ニ該當スルモノニ關シ之ヲ適用ス

第百七十七條ノ二　本法中官吏ニ關スル規定ハ待遇官吏ニ之ヲ適用ス

附　則

第百七十八條　本法施行ノ期日ハ勅令ヲ以テ之ヲ定ム（明治四十四年勅令第二百三十八號ヲ以テ同年十月一日ヨリ施行ス）

第百七十九條　本法施行ノ際現ニ市會議員又ハ區會議員ノ職ニ在ル者ハ從前ノ規定ニ依ル最近ノ定期改選期ニ於テ總テ其ノ職ヲ失フ

本法施行ノ際現ニ市長助役又ハ收入役ノ職ニ在ル者ハ從前ノ規定ニ依ル任期滿了ノ日ニ於テ其ノ職ヲ失フ

第百八十條　舊刑法ノ重罪ノ刑ニ處セラレタル者ハ本法ノ適用ニ付テハ六年ノ懲役又ハ禁錮以上ノ刑ニ處セラレタル者ト看做ス但シ復權ヲ得タル者ハ此ノ限ニ在ラス

舊刑法ノ禁錮以上ノ刑ハ本法ノ適用ニ付テハ禁錮以上ノ刑ト看做ス

第百八十一條　本法施行ノ際必要ナル規定ハ命令ヲ以テ之ヲ定ム

大正十年法律第五十八號附則

本法中公民權及選擧ニ關スル規定ハ次ノ總選擧ヨリ之ヲ施行シ其ノ他ノ規定ノ施行ノ期日ハ勅令ヲ以テ之ヲ定ム（大正十年勅令第百八十九號ヲ以テ公民權及選擧ニ關スル規定ヲ除クノ外大正十年五月二十日ヨリ施行ス）

沖繩縣ノ區ヲ廢シテ市ヲ置カムトスルトキハ第三條ノ例ニ依ル

大正十一年法律第五十六號附則

本法施行ノ期日ハ勅令ヲ以テ之ヲ定ム

（大正十一年勅令第二百五十五號ヲ以テ同年五月十五日ヨリ施行ス）

北海道ノ區ヲ廢シテ市ヲ置カムトスルトキハ第三條ノ例ニヨル

大正十五年法律第七十四號附則

本法中公民權及議員選擧ニ關スル規定ハ次ノ總選擧ヨリ之ヲ施行シ其ノ他ノ規定ノ施行ノ期日ハ勅令ヲ以テ之ヲ定ム

本法ニ依リ初テ議員ヲ選擧スル場合ニ於テ必要ナル選擧ノ名簿ニ關シ第二十一條乃至第二十一條ノ五ニ規定スル期日又ハ期間ニ依リ難キトキハ命令ヲ以テ別ニ其ノ期日又ハ期間ヲ定ム但シ其ノ選擧人名簿ハ次ノ選擧人名簿確定迄其ノ效力ヲ有ス

本法施行ノ際大正十四年法律第四十七號衆議院議員選擧法又ハ大正十五年府縣制中改正法律未タ施行セラレサル場合ニ於テハ本法ノ適用ニ付テハ同法ハ既ニ施行セラレタルモノト看做ス

本法施行ノ際必要ナル規定ハ命令ヲ以テ之ヲ定ム

昭和四年法律第五十六號附則

本法中施行ノ期日ハ勅令ヲ以テ之ヲ定ム
本法施行ノ際必要ナル規定ハ命令ヲ以テ之ヲ定ム

●町村制

改正（明治四十四年四月七日法律第六十九號）（大正一〇年第五九號、一五年第七五號、昭和四年法律第五七號）

朕帝國議會ノ協賛ヲ經タル町村制改正法律ヲ裁可シ之ヲ公布セシム

第一章　總則

第一款　町村及其ノ區域

第一條　町村ハ從來ノ區域ニ依ル

第二條　町村ハ法人トス官ノ監督ヲ承ケ法令ノ範圍内ニ於テ其ノ公共事務並從來法令又ハ慣例ニ依リ及將來法律勅令ニ依リ町村ニ屬スル事務ヲ處理ス

第三條　町村ノ廢置分合又ハ境界變更ヲ爲サムトスルトキハ府縣知事ハ關係アル市町村會ノ意見ヲ徴シ府縣參事會ノ議決ヲ經内務大臣ノ許可ヲ得テ之ヲ定ム所屬未定地ヲ町村ノ區域ニ編入セムトスルトキ亦同シ

前項ノ場合ニ於テ財産アルトキハ其ノ處分ハ關係アル市町村會ノ意見ヲ徴シ府縣參事會ノ議決ヲ經テ府縣知事之ヲ定ム

第一項ノ場合ニ於テ市ノ廢置分合ヲ伴フトキハ市制第三條ノ規定ニ依ル

第四條　町村ノ境界ニ關スル爭論ハ府縣參事會之ヲ裁定ス其ノ裁定ニ不服アル町村ハ行政裁判所ニ出訴スルコトヲ得

町村ノ境界判明ナラサル場合ニ於テ前項ノ爭論ナキトキハ府縣知事ハ府縣參事會ノ決定ニ付スヘシ其ノ決定ニ不服アル町村ハ行政裁判所ニ出訴スルコトヲ得

第一項ノ裁定及前項ノ決定ハ文書ヲ以テ之ヲ爲シ其ノ理由ヲ附シ之ヲ關係町村ニ

交付スヘシ
第一項ノ裁定及第二項ノ決定ニ付テハ府縣知事ヨリモ訴訟ヲ提起スルコトヲ得
第五條 町村ノ名稱ヲ變更セムトスルトキ村ヲ町ト爲シ若ハ町ヲ村ト爲サムトスルトキ又ハ町村役場ノ位置ヲ定メ若ハ之ヲ變更セムトスルトキハ町村ハ府縣知事ノ許可ヲ受クヘシ

第二款 町村住民及其ノ權利義務

第六條 町村內ニ住所ヲ有スル者ハ其ノ町村住民トス
町村住民ハ本法ニ從ヒ町村ノ財産及營造物ヲ共用スル權利ヲ有シ町村ノ負擔ヲ分任スル義務ヲ負フ
第七條 帝國臣民タル年齡二十五年以上ノ男子ニシテ二年以來町村住民タル者ハ其ノ町村公民トス但シ左ノ各號ノ一ニ該當スル者ハ此ノ限ニ在ラス
一 禁治産者及準禁治産者
二 破産者ニシテ復權ヲ得サル者
三 貧困ニ因リ生活ノ爲公私ノ救助ヲ受ケ又ハ扶助ヲ受クル者
四 一定ノ住居ヲ有セサル者
五 六年ノ懲役又ハ禁錮以上ノ刑ニ處セラレタル者
六 刑法第二編第一章、第三章、第九章、第十六章乃至第二十一章、第二十五章又ハ第三十六章乃至第三十九章ニ掲クル罪ヲ犯シ六年未滿ノ懲役ノ刑ニ處セラレ其ノ執行ヲ終リ又ハ執行ヲ受クルコトナキニ至リタル後其ノ刑期ノ二倍ニ相當スル期間ヲ經過スルニ至ル迄ノ者但シ其ノ期間五年ヨリ短キトキハ五

年トス

七 六年未滿ノ禁錮ノ刑ニ處セラレ又ハ前號ニ揭クル罪以外ノ罪ヲ犯シ六年未滿ノ懲役ノ刑ニ處セラレ其ノ執行ヲ終リ又ハ執行ヲ受クルコトナキニ至ル迄ノ者

町村ハ前項二年ノ制限ヲ特免スルコトヲ得

第一項二年ノ期間ハ市町村ノ廢置分合又ハ境界變更ノ爲中斷セラルルコトナシ

第八條 町村公民ハ町村ノ選擧ニ參與シ町村ノ名譽職ニ選擧セラルル權利ヲ有シ町村ノ名譽職ヲ擔任スル義務ヲ負フ

左ノ各號ノ一ニ該當セサル者ニシテ名譽職ノ當選ヲ辭シ又ハ其ノ職ヲ辭シ若ハ其ノ職務ヲ實際ニ執行セサルトキハ町村ハ一年以上四年以下其ノ町村公民權ヲ停止スルコトヲ得

一 疾病ニ罹リ公務ニ堪ヘサル者
二 業務ノ爲常ニ町村內ニ居ルコトヲ得サル者
三 年齡六十年以上ノ者
四 官公職ノ爲町村ノ公務ヲ執ルコトヲ得サル者
五 四年以上名譽職町村吏員、町村會議員又ハ區會議員ノ職ニ任シ爾後同一ノ期間ヲ經過セサル者
六 其ノ他町村會ノ議決ニ依リ正當ノ理由アリト認ムル者

前項ノ處分ヲ受ケタル者其ノ處分ニ不服アルトキハ府縣參事會ニ訴願シ其ノ裁決ニ不服アルトキハ行政裁判所ニ出訴スルコトヲ得

第二項ノ處分ハ其確定ニ至ル迄執行ヲ停

止ス
第三項ノ裁決ニ付テハ府縣知事又ハ町村長ヨリモ訴訟ヲ提起スルコトヲ得

第九條 陸海軍軍人ニシテ現役中ノ者（未タ入營セサル者及歸休下士官兵ヲ除ク）及戰時若ハ事變ニ際シ召集中ノ者ハ町村ノ公務ニ參與スルコトヲ得ス兵籍ニ編入セラレタル學生生徒（勅令ヲ以テ定ムル者ヲ除ク）志願ニ依リ國民軍ニ編入セラレタル者亦同シ

第三款 町村條例及町村規則

第十條 町村ハ町村住民ノ權利義務又ハ町村ノ事務ニ關シ町村條例ヲ設クルコトヲ得
町村ハ町村ノ營造物ニ關シ町村條例ヲ以テ規定スルモノノ外町村規則ヲ設クルコトヲ得

町村條例及町村規則ハ一定ノ公告式ニ依リ之ヲ告示スヘシ

第二章 町村會

第一款 組織及選擧

第十一條 町村會議員ハ其ノ被選擧權アル者ニ就キ選擧人之ヲ選擧ス
議員ノ定數左ノ如シ
一 削除
二 人口五千未滿ノ町村 十二人
三 人口五千以上一萬未滿ノ町村 十八人
四 人口一萬以上二萬未滿ノ町村 二十四人
五 人口二萬以上ノ町村 三十人
議員ノ定數ハ町村條例ヲ以テ特ニ之ヲ增減スルコトヲ得
議員ノ定數ハ總選擧ヲ行フ場合ニ非サレ

ハ之ヲ増減セス但シ著シク人口ノ増減アリタル場合ニ於テ府縣知事ノ許可ヲ得タルトキハ此ノ限ニ在ラス

第十二條　町村公民ハ總テ選擧權ヲ有ス但シ公民權停止中ノ者又ハ第九條ノ規定ニ該當スル者ハ此ノ限ニ在ラス

第十三條　削除

第十四條　特別ノ事情アルトキハ町村ハ區劃ヲ定メテ投票分會ヲ設クルコトヲ得

第十五條　選擧權ヲ有スル町村公民ハ被選擧權ヲ有ス

在職ノ檢事、警察官吏及收稅官吏ハ被選擧權ヲ有セス

選擧事務ニ關係アル官吏及町村ノ有給吏員ハ其ノ關係區域內ニ於テ被選擧權ヲ有セス町村ノ有給ノ吏員教員其ノ他ノ職員ニシテ在職中ノ者ハ其ノ町村ノ町村會議員ト相兼ヌルコトヲ得ス

第十六條　町村會議員ハ名譽職トス

議員ノ任期ハ四年トシ總選擧ノ日ヨリ之ヲ起算ス

議員ノ定數ニ異動ヲ生シタル爲解任ヲ要スル者アルトキハ町村長抽籤シテ之ヲ定ム但シ闕員アルトキハ其ノ闕員ヲ以テ之ニ充ツヘシ

前項但書ノ場合ニ於テ闕員ノ數解任ヲ要スル者ノ數ニ滿テサルトキハ其ノ不足ノ員數ニ付町村長抽籤シテ解任スヘキ者ヲ定メ闕員ノ數解任ヲ要スル者ノ數ヲ超ユルトキハ解任ヲ要スル者ニ充ツヘキ闕員ハ最先ニ闕員ト爲リタル者ヨリ順次之ニ充テ闕員ト爲リタル時同シキトキハ町村長抽籤シテ之ヲ定ム

議員ノ定數ニ異動ヲ生シタル爲新ニ選擧

セラレタル議員ハ總選擧ニ依リ選擧セラレタル議員ノ任期滿了ノ日迄在任ス

第十七條　町村會議員中闕員ヲ生シタル場合ニ於テ第二十七條第二項ノ規定ノ適用ヲ受ケタル得票者ニシテ當選者ト爲ラサリシ者アルトキハ直ニ選擧會ヲ開キ其ノ者ノ中ニ就キ當選者ヲ定ムヘシ此ノ場合ニ於テハ第三十條第三項及第四項ノ規定ヲ準用ス（同上）

前項ノ規定ノ適用ヲ受クル者ナク若ハ前項ノ規定ノ適用ニ依リ當選者ヲ定ムルモ仍其ノ闕員カ議員定數ノ六分ノ一ヲ超ユルニ至リタルトキ又ハ町村長若ハ町村會ニ於テ必要ト認ムルトキハ補闕選擧ヲ行フヘシ（同上）

第三十條第五項及第六項ノ規定ハ補闕選擧ニ之ヲ準用ス

補闕議員ハ其ノ前任者ノ殘任期間在任ス

第十八條　町村長ハ毎年九月十五日ノ現在ニ依リ選擧人名簿ヲ調製スヘシ

選擧人名簿ニハ選擧人ノ氏名、住所及生年月日等ヲ記載スヘシ

第十八條ノ二　町村長ハ十一月五日ヨリ十五日間町村役場又ハ其ノ指定シタル場所ニ於テ選擧人名簿ヲ關係者ノ縱覽ニ供スヘシ

町村長ハ縱覽開始ノ日前三日目迄ニ縱覽ノ場所ヲ告示スヘシ

第十八條ノ三　選擧人名簿ニ關シ關係者ニ於テ異議アルトキハ縱覽期間內ニ之ヲ町村長ニ申立ツルコトヲ得此ノ場合ニ於テハ町村長ハ其ノ申立ヲ受ケタル日ヨリ十四日以內ニ之ヲ決定シ名簿ノ修正ヲ要スルトキハ直ニ之ヲ修正スヘシ（同上）

前項ノ決定ニ不服アル者ハ府縣參事會ニ訴願シ其ノ裁決ニ不服アル者ハ行政裁判所ニ出訴スルコトヲ得
前項ノ裁決ニ付テハ府縣知事又ハ町村長ヨリモ訴訟ヲ提起スルコトヲ得
第一項ノ規定ニ依ル決定ヲ爲シタルトキハ町村長直ニ其ノ要領ヲ告示スヘシ
同項ノ規定ニ依リテ名簿ヲ修正シタルトキ亦同シ

第十八條ノ四 選擧人名簿ハ十二月二十五日ヲ以テ確定ス
選擧人名簿ハ次年ノ十二月二十四日迄之ヲ据置クヘシ
前條第二項又ハ第三項ノ場合ニ於テ裁決確定シ又ハ判決アリタルニ依リ名簿ノ修正ヲ要スルトキハ町村長ハ直ニ之ヲ修正スヘシ
前項ノ規定ニ依リ名簿ヲ修正シタルトキハ町村長ハ直ニ其ノ要領ヲ告示スヘシ
投票分會ヲ設クル場合ニ於テ必要アルトキハ町村長ハ確定名簿ニ依リ分會ノ區劃毎ニ名簿ノ抄本ヲ調製スヘシ

第十八條ノ五 第十八條ノ三ノ場合ニ於テ決定若ハ裁決確定シ又ハ判決アリタルニ依リ選擧人名簿無效ト爲リタルトキハ更ニ名簿ヲ調製スヘシ
天災事變等ノ爲必要アルトキハ更ニ名簿ヲ調製スヘシ
前二項ノ規定ニ依ル名簿ノ調製、縱覽、確定及異議ノ決定ニ關スル期日及期間ハ府縣知事ノ定ムル所ニ依ル
町村ノ廢置分合又ハ境界變更アリタル場合ニ於テ名簿ニ關シ其ノ分合其ノ他必要ナル事項ハ命令ヲ以テ之ヲ定ム（同上）

第十九條 町村長ハ選擧ノ期日前七日目迄ニ選擧會場（投票分會場ヲ含ム以下之ニ同シ）投票ノ日時及選擧スヘキ議員數ヲ告示スヘシ投票分會ヲ設クル場合ニ於テハ併セテ其ノ區劃ヲ告示スヘシ

投票分會ノ投票ハ選擧會ト同日時ニ之ヲ行フ

天災事變等ノ爲投票ヲ行フコト能ハサルトキ又ハ更ニ投票ヲ行フノ必要アルトキハ町村長ハ其ノ投票ヲ行フヘキ選擧會又ハ投票分會ノミニ付更ニ期日ヲ定メ投票ヲ行ハシムヘシ此ノ場合ニ於テ選擧會場及投票ノ日時ハ選擧ノ期日前五日目迄ニ之ヲ告示スヘシ

第二十條 町村長ハ選擧長ト爲リ選擧會ヲ開閉シ其ノ取締ニ任ス

町村長ハ選擧人名簿ニ登錄セラレタル者ノ中ヨリ二人乃至四人ノ投票立會人ヲ選任スヘシ

投票分會ハ町村長ノ指名シタル吏員投票分會長ト爲リ之ヲ開閉シ其ノ取締ニ任ス

町村長ハ分會ノ區劃內ニ於ケル選擧人名簿ニ登錄セラレタル者ノ中ヨリ二人乃至四人ノ投票立會人ヲ選任スヘシ

選擧立會人及投票立會人ハ名譽職トス

第二十一條 選擧人ニ非サル者ハ選擧會場ニ入ルコトヲ得ス但シ選擧會場ノ事務ニ從事スル者、選擧會場ヲ監視スル職權ヲ有スル者又ハ警察官吏ハ此ノ限ニ在ラス

選擧會場ニ於テ演說討論ヲ爲シ若ハ喧擾ニ涉リ又ハ投票ニ關シ協議若ハ勸誘ヲ爲シ其ノ他選擧會場ノ秩序ヲ紊ス者アルトキハ選擧長又ハ投票分會長ハ之ヲ制止シ命ニ從ハサルトキハ之ヲ選擧會場外ニ退

出セシムヘシ
前項ノ規定ニ依リ退出セシメラレタル者ハ最後ニ至リ投票ヲ爲スコトヲ得但シ選擧長又ハ投票分會長會場ノ秩序ヲ紊スノ虞ナシト認ムル場合ニ於テ投票ヲ爲サシムルヲ妨ケス

第二十二條 選擧ハ無記名投票ヲ以テ之ヲ行フ
投票ハ一人一票ニ限ル
選擧人ハ選擧ノ當日投票時間內ニ自ラ選擧會場ニ到リ選擧人名簿又ハ其ノ抄本ノ對照ヲ經テ投票ヲ爲スヘシ
投票時間內ニ選擧會場ニ入リタル選擧人ハ其ノ時間ヲ過クルモ投票ヲ爲スコトヲ得
選擧人ハ選擧會場ニ於テ投票用紙ニ自ラ被選擧人一人ノ氏名ヲ記載シテ投函スヘシ
投票ニ關スル記載ニ付テハ勅令ヲ以テ定ムル點字ハ之ヲ文字ト看做ス
自ラ被選擧人ノ氏名ヲ書スルコト能ハサル者ハ投票ヲ爲スコトヲ得ス
投票用紙ハ町村長ノ定ムル所ニ依リ一定ノ式ヲ用フヘシ
投票分會ニ於テ爲シタル投票ハ投票分會長少クトモ一人ノ投票立會人ト共ニ投票函ノ儘之ヲ選擧長ニ送致スヘシ

第二十二條ノ二 確定名簿ニ登錄セラレサル者ハ投票ヲ爲スコトヲ得ス但シ選擧人名簿ニ登錄セラルヘキ確定裁決書又ハ判決書ヲ所持シ選擧ノ當日選擧會場ニ到ル者ハ此ノ限ニ在ラス
確定名簿ニ登錄セラレタル者選擧人名簿ニ登錄セラルルコトヲ得サル者ナルトキ

ハ投票ヲ爲スコトヲ得ス選擧ノ當日選擧權ヲ有セサル者ナルトキ亦同シ

第二十二條ノ三　投票ノ拒否ハ選擧立會人又ハ投票立會人之ヲ決定ス可否同數ナルトキハ選擧長又ハ投票分會長之ヲ決スヘシ

投票分會ニ於テ投票拒否ノ決定ヲ受ケタル選擧人不服アルトキハ投票分會長ハ假ニ投票ヲ爲サシムヘシ

前項ノ投票ハ選擧人ヲシテ之ヲ封筒ニ入レ封緘シ表面ニ自ラ其ノ氏名ヲ記載シ投函セシムヘシ

投票分會長又ハ投票立會人ニ於テ異議アル選擧人ニ對シテモ亦前二項ニ同シ

第二十三條　第三十條若ハ第三十四條ノ選擧、增員選擧又ハ補闕選擧ヲ同時ニ行フ場合ニ於テハ一ノ選擧ヲ以テ合併シテ之ヲ行フ

第二十四條　町村長ハ豫メ開票ノ日時ヲ告示スヘシ

第二十四條ノ二　選擧長ハ投票ノ日又ハ其ノ翌日（投票分會ヲ設ケタルトキハ總テノ投票函ノ送致ヲ受ケタル日又ハ其ノ翌日）選擧立會人立會ノ上投票函ヲ開キ投票ノ總數ト投票人ノ總數トヲ計算スヘシ

前項ノ計算終リタルトキハ選擧長ハ先ツ第二十二條ノ三第二項及第四項ノ投票ヲ調査スヘシ其ノ投票ノ受理如何ハ選擧立會人之ヲ決定ス可否同數ナルトキハ選擧長之ヲ決スヘシ

選擧長ハ選擧立會人ト共ニ投票ヲ點檢スヘシ

天災事變等ノ爲開票ヲ行フコト能ハサルトキハ町村長ハ更ニ開票ノ期日ヲ定ムヘ

シ此ノ場合ニ於テ選擧會場ノ變更ヲ要スルトキハ豫メ更ニ其ノ場所ヲ告示スヘシ

第二十四條ノ三　選擧人ハ其ノ選擧會ノ參觀ヲ求ムルコトヲ得但シ開票開始前ハ此ノ限ニ在ラス

第二十四條ノ四　特別ノ事情アルトキハ町村ハ府縣知事ノ許可ヲ得區劃ヲ定メテ開票分會ヲ設クルコトヲ得

前項ノ規定ニ依リ開票分會ヲ設クル場合ニ於テ必要ナル事項ハ命令ヲ以テ之ヲ定ム

第二十五條　左ノ投票ハ之ヲ無效トス

一　成規ノ用紙ヲ用ヰサルモノ

二　現ニ町村會議員ノ職ニ在ル者ノ氏名ヲ記載シタルモノ

三　一投票中二人以上ノ被選擧人ノ氏名ヲ記載シタルモノ

四　被選擧人ノ何人タルカヲ確認シ難キモノ

五　被選擧權ナキ者ノ氏名ヲ記載シタルモノ

六　被選擧人ノ氏名ノ外他事ヲ記入シタルモノ但シ爵位職業身分住所又ハ敬稱ノ類ヲ記入シタルモノハ此ノ限ニ在ラス

七　被選擧人ノ氏名ヲ自書セサルモノ

第二十六條　投票ノ效力ハ選擧立會人之ヲ決定ス可否同數ナルトキハ選擧長之ヲ決スヘシ

第二十七條　町村會議員ノ選擧ハ有效投票ノ最多數ヲ得タル者ヲ以テ當選者トス但シ議員ノ定數ヲ以テ有效投票ノ總數ヲ除シテ得タル數ノ六分ノ一以上ノ得票アルコトヲ要ス

前項ノ規定ニ依リ當選者ヲ定ムルニ當リ得票ノ數同シキトキハ年長者ヲ取リ年齢同シキトキハ選擧長抽籤シテ之ヲ定ムヘシ

第二十七條ノ二　當選者選擧ノ期日後ニ於テ被選擧權ヲ有セサルニ至リタルトキハ當選ヲ失フ

第二十八條　選擧長ハ選擧錄ヲ作リ選擧會ニ關スル顚末ヲ記載シ之ヲ朗讀シ二人以上ノ選擧立會人ト共ニ之ニ署名スヘシ

投票分會長ハ投票錄ヲ作リ投票ニ關スル顚末ヲ記載シ之ヲ朗讀シ二人以上ノ投票立會人ト共ニ之ニ署名スヘシ

投票分會長ハ投票函ト同時ニ投票錄ヲ選擧長ニ送致スヘシ

選擧錄及投票錄ハ投票、選擧人名簿其ノ他ノ關係書類ト共ニ議員ノ任期間町村長ニ於テ之ヲ保存スヘシ

第二十九條　當選者定マリタルトキハ町村長ハ直ニ當選者ニ當選ノ旨ヲ告知シ同時ニ當選者ノ住所氏名ヲ告示シ且選擧錄ノ寫（投票錄アルトキハ併セテ投票錄ノ寫）ヲ添ヘ之ヲ府縣知事ニ報告スヘシ當選者ナキトキハ直ニ其ノ旨ヲ告示シ且選擧錄ノ寫（投票錄アルトキハ併セテ投票錄ノ寫）ヲ添ヘ之ヲ府縣知事ニ報告スヘシ當選者當選ヲ辭セムトスルトキハ當選ノ告知ヲ受ケタル日ヨリ五日以内ニ町村長ニ申立ツヘシ

官吏ニシテ當選シタル者ハ所屬長官ノ許可ヲ受クルニ非サレハ之ニ應スルコトヲ得ス

前項ノ官吏ハ當選ノ告知ヲ受ケタル日ヨリ二十日以内ニ之ニ應スヘキ旨ヲ町村長

ニ中立テサルトキハ其ノ當選ヲ辭シタルモノト看做ス

町村ニ對シ請負ヲ爲シ又ハ町村ニ於テ費用ヲ負擔スル事業ニ付町村長若ハ其ノ委任ヲ受ケタル者ニ對シ請負ヲ爲ス者若ハ其ノ支配人又ハ主トシテ同一ノ行爲ヲ爲ス法人ノ無限責任社員、役員若ハ支配人ニシテ當選シタル者ハ其ノ請負ヲ罷メ又ハ請負ヲ爲ス者ノ支配人若ハ主トシテ同一ノ行爲ヲ爲ス法人ノ無限責任社員、役員若ハ支配人タルコトナキニ至ルニ非サレハ當選ニ應スルコトヲ得ス第二項ノ期限前ニ其ノ旨ヲ町村長ニ申立テサルトキハ其ノ當選ヲ辭シタルモノト看做ス

前項ノ役員トハ取締役、監査役及之ニ準スヘキ者竝清算人ヲ謂フ

第三十條　當選者左ニ掲クル事由ノ一ニ該當スルトキハ三月以内ニ更ニ選擧ヲ行フヘシ但シ第二項ノ規定ニ依リ更ニ選擧ヲ行フコトナクシテ當選者ヲ定メ得ル場合ハ此ノ限ニ在ラス

一　當選ヲ辭シタルトキ

二　第二十七條ノ二ノ規定ニ依リ當選ヲ失ヒタルトキ

三　死亡者ナルトキ

四　選擧ニ關スル犯罪ニ依リ刑ニ處セラレ其ノ當選無效ト爲リタルトキ但シ同一人ニ關シ前各號ノ事由ニ依ル選擧又ハ補闕選擧ノ告示ヲ爲シタル場合ハ此ノ限ニ在ラス

前項ノ事由前條第二項若ハ第四項ノ規定ニ依ル期限前ニ生シタル場合ニ於テ第二十七條第一項但書ノ得票者ニシテ當選者ト爲ラサリシ者アルトキ又ハ其ノ期限經

過後ニ生シタル場合ニ於テ第二十七條第二項ノ規定ノ適用ヲ受ケタル得票者ニシテ當選者ト爲ラサリシ者アルトキハ直ニ選擧會ヲ開キ其ノ者ノ中ニ就キ當選者ヲ定ムヘシ
前項ノ場合ニ於テ第二十七條第一項但書ノ得票者ニシテ當選者ト爲ラサリシ者選擧ノ期日後ニ於テ被選擧權ヲ有セサルニ至リタルトキハ之ヲ當選者ト定ムルコトヲ得ス
第二項ノ場合ニ於テハ町村長ハ豫メ選擧會ノ場所及日時ヲ告示スヘシ
第一項ノ期間ハ第三十三條第八項ノ規定ノ適用アル場合ニ於テハ選擧ヲ行フコトヲ得サル事由已ミタル日ノ翌日ヨリ之ヲ起算ス
第一項ノ事由議員ノ任期滿了前六月以内ニ生シタルトキハ第一項ノ選擧ハ之ヲ行ハス但シ議員ノ數其ノ定數ノ三分二ニ滿チサルニ至リタルトキハ此ノ限ニ在ラス

第三十一條 第二十九條第二項ノ期間ヲ經過シタルトキ又ハ同條第四項ノ申立アリタルトキハ町村長ハ直ニ當選者ノ住所氏名ヲ告示シ併セテ之ヲ府縣知事ニ報告スヘシ
當選者ナキニ至リタルトキ又ハ當選者其ノ選擧ニ於ケル議員ノ定數ニ達セサルニ至リタルトキハ町村長ハ直ニ其ノ旨ヲ告示シ併セテ之ヲ府縣知事ニ報告スヘシ

第三十二條 選擧ノ規定ニ違反スルコトアルトキハ選擧ノ結果ニ異動ヲ生スルノ虞アル場合ニ限リ其ノ選擧ノ全部又ハ一部ヲ無效トス但シ當選ニ異動ヲ生スルノ虞ナキ者ヲ區分シ得ルトキハ其ノ者ニ限リ

當選ヲ失フコトナシ

第三十三條　選擧人選擧又ハ當選ノ效力ニ關シ異議アルトキハ選擧ニ關シテハ選擧ノ日ヨリ當選ニ關シテハ第二十九條第一項又ハ第三十一條第二項ノ告示ノ日ヨリ七日以内ニ之ヲ町村長ニ申立ツルコトヲ得此ノ場合ニ於テハ町村長ハ七日以内ニ町村會ノ決定ニ付スヘシ町村會ハ其ノ送付ヲ受ケタル日ヨリ十四日以内ニ之ヲ決定スヘシ

前項ノ決定ニ不服アル者ハ府縣參事會ニ訴願スルコトヲ得

府縣知事ハ選擧又ハ當選ノ效力ニ關シ異議アルトキハ選擧ニ關シテハ第二十九條第一項ノ報告ヲ受ケタル日ヨリ、當選ニ關シテハ第二十九條第一項又ハ第三十一條第二項ノ報告ヲ受ケタル日ヨリ二十日以内ニ之ヲ府縣參事會ノ決定ニ付スルコトヲ得

前項ノ決定アリタルトキハ同一事件ニ付爲シタル異議ノ申立及町村會ノ決定ハ無效トス

第二項若ハ第六項ノ裁決又ハ第三項ノ決定ニ不服アル者ハ行政裁判所ニ出訴スルコトヲ得

第一項ノ決定ニ付テハ町村長ヨリ訴願ヲ提起スルコトヲ得

第二項若ハ前項ノ裁決又ハ第三項ノ決定ニ付テハ府縣知事又ハ町村長ヨリモ訴訟ヲ提起スルコトヲ得

第十七條、第三十條又ハ第三十四條第一項若ハ第三項ノ選擧ハ之ニ關係アル選擧又ハ當選ニ關スル異議申立期間、異議ノ決定若ハ訴願ノ裁決確定セサル間又ハ訴

訟ノ繫屬スル間之ヲ行フコトヲ得ス
町村會議員ハ選擧又ハ當選ニ關スル決定若ハ裁決確定シ又ハ判決アル迄ハ會議ニ列席シ議事ニ參與スルノ權ヲ失ハス

第三十四條 選擧無效ト確定シタルトキハ三月以内ニ更ニ選擧ヲ行フヘシ
當選無效ト確定シタルトキハ直ニ選擧會ヲ開キ更ニ當選者ヲ定ムヘシ此ノ場合ニ於テハ第三十條第三項及第四項ノ規定ヲ準用ス
當選者ナキトキ、當選者ナキニ至リタルトキ又ハ當選者其ノ選擧ニ於ケル議員ノ定數ニ達セサルトキ若ハ定數ニ達セサルニ至リタルトキハ三月以内ニ更ニ選擧ヲ行フヘシ
第三十條第五項及第六項ノ規定ハ第一項及前項ノ選擧ニ之ヲ準用ス

第三十五條 町村會議員被選擧權ヲ有セサル者ナルトキ又ハ第二十九條第五項ニ掲クル者ナルトキハ其ノ職ヲ失フ其ノ被選擧權ノ有無又ハ第二十九條第五項ニ掲クル者ニ該當スルヤ否ハ町村會議員カ左ノ各號ノ一ニ該當スルニ因リ被選擧權ヲ有セサル場合ヲ除クノ外町村會之ヲ決定ス
一 禁治產者又ハ準禁治產者ト爲リタルトキ
二 破產者ト爲リタルトキ
三 禁錮以上ノ刑ニ處セラレタルトキ
四 選擧ニ關スル犯罪ニ依リ罰金ノ刑ニ處セラレタルトキ
町村長ハ町村會議員中被選擧權ヲ有セサル者又ハ第二十九條第五項ニ掲クル者アリト認ムルトキハ之ヲ町村會ノ決定ニ付スヘシ町村會ハ其ノ送付ヲ受ケタル日ヨ

リ十四日以内ニ之ヲ決定スヘシ
第一項ノ決定ヲ受ケタル者其ノ決定ニ不服アルトキハ府縣參事會ニ訴願シ其ノ裁決又ハ第四項ノ裁決ニ不服アルトキハ行政裁判所ニ出訴スルコトヲ得
第一項ノ決定及前項ノ裁決ニ付テハ町村長ヨリモ訴願又ハ訴訟ヲ提起スルコトヲ得
前二項ノ裁決ニ付テハ府縣知事ヨリモ訴訟ヲ提起スルコトヲ得
第三十三條第九項ノ規定ハ第一項及前三項ノ場合ニ之ヲ準用ス
第一項ノ決定ハ文書ヲ以テ之ヲ爲シ其ノ理由ヲ附シ之ヲ本人ニ交付スヘシ
第三十六條　第十八條ノ三及第三十三條ノ場合ニ於テ府縣參事會ノ決定及裁決ハ府縣知事、町村會ノ決定ハ町村長直ニ之ヲ告示スヘシ
第三十六條ノ二　町村會議員ノ選擧ニ付テハ衆議院議員選擧法第九十一條、第九十二條、第九十八條、第九十九條第二項、第百條及第百四十二條ノ規定ヲ準用ス
第三十七條　本法又ハ本法ニ基キテ發スル勅令ニ依リ設置スル議會ノ議員ノ選擧ニ付テハ衆議院議員選擧ニ關スル罰則ヲ準用ス
第三十八條　特別ノ事情アル町村ニ於テハ府縣知事ハ其ノ町村ヲシテ町村會ヲ設ケス選擧權ヲ有スル町村公民ノ總會ヲ以テ之ニ充テシムルコトヲ得
町村總會ニ關シテハ町村會ニ關スル規定ヲ準用ス

第二款　職務權限

第三十九條　町村會ハ町村ニ關スル事件及

法律勅令ニ依リ其ノ權限ニ屬スル事件ヲ議決ス

第四十條 町村會ノ議決スヘキ事件ノ概目左ノ如シ

一 町村條例及町村規則ヲ設ケ又ハ改廢スル事

二 町村費ヲ以テ支辨スヘキ事業ニ關スル事但シ第七十七條ノ事務及法律勅令ニ規定アルモノハ此ノ限ニ在ラス

三 歳入出豫算ヲ定ムル事

四 決算報告ヲ認定スル事

五 法令ニ定ムルモノヲ除クノ外使用料、手數料、加入金、町村税又ハ夫役現品ノ賦課徴收ニ關スル事

六 不動産ノ管理處分及取得ニ關スル事

七 基本財産及積立金穀等ノ設置管理及處分ニ關スル事

八 歳入出豫算ヲ以テ定ムルモノヲ除クノ外新ニ義務ノ負擔ヲ爲シ及權利ノ抛棄ヲ爲ス事

九 財産及營造物ノ管理方法ヲ定ムル事但シ法律勅令ニ規定アルモノハ此ノ限ニ在ラス

十 町村吏員ノ身元保證ニ關スル事

十一 町村ニ係ル訴願訴訟及和解ニ關スル事

第四十一條 町村會ハ法律勅令ニ依リ其ノ權限ニ屬スル選擧ヲ行フヘシ

第四十二條 町村會ハ町村ノ事務ニ關スル書類及計算書ヲ檢閲シ町村長ノ報告ヲ請求シテ事務ノ管理、議決ノ執行及出納ヲ檢査スルコトヲ得

町村會ハ議員中ヨリ委員ヲ選擧シ町村長又ハ其ノ指名シタル吏員立會ノ上實地ニ

就キ前項町村會ノ權限ニ屬スル事件ヲ行ハシムルコトヲ得

第四十三條　町村會ハ町村ノ公益ニ關スル事件ニ付意見書ヲ關係行政廳ニ提出スルコトヲ得（**同上**）

第四十四條　町村會ハ行政廳ノ諮問アルトキハ意見ヲ答申スヘシ

町村會ノ意見ヲ徴シテ處分ヲ爲スヘキ場合ニ於テ町村會成立セス、招集ニ應セス若ハ意見ヲ提出セス又ハ町村會ヲ招集スルコト能ハサルトキハ當該行政廳ハ其ノ意見ヲ俟タスシテ直ニ處分ヲ爲スコトヲ得

第四十五條　町村會ハ町村長ヲ以テ議長トス町村長故障アルトキハ其ノ代理者議長ノ職務ヲ代理ス町村長及其ノ代理者共ニ故障アルトキハ臨時ニ議員中ヨリ假議長ヲ選擧スヘシ

前項假議長ノ選擧ニ付テハ年長ノ議員議長ノ職務ヲ代理ス年齡同シキトキハ抽籤ヲ以テ之ヲ定ム

特別ノ事情アル町村ニ於テハ第一項ノ規定ニ拘ラス町村條例ヲ以テ町村會ノ選擧ニ依ル議長及其ノ代理者一人ヲ置クコトヲ得此ノ場合ニ於テハ市制第四十八條及第四十九條ノ規定ヲ準用ス

第四十六條　町村長及其ノ委任又ハ囑託ヲ受ケタル者ハ會議ニ列席シテ議事ニ參與スルコトヲ得但シ議決ニ加ハルコトヲ得ス

前項ノ列席者發言ヲ求ムルトキハ議長ハ直ニ之ヲ許スヘシ但シ之カ爲議員ノ演說ヲ中止セシムルコトヲ得ス

第四十七條　町村會ハ町村長之ヲ招集ス議

員定數ノ三分ノ一以上ヨリ會議ニ付スヘキ事件ヲ示シテ町村會招集ノ請求アルトキハ之ヲ招集スヘシ(同上)

町村長ハ會期ヲ定メテ町村會ヲ招集スルコトヲ得此ノ場合ニ於テ必要アリト認ムルトキハ町村長ハ更ニ期限ヲ定メ町村會ノ會期ヲ延長スルコトヲ得(同上)

招集及會議ノ事件ハ開會ノ日前三日目迄ニ之ヲ告知スヘシ但シ急施ヲ要スル場合ハ此ノ限ニ在ラス

町村會開會中急施ヲ要スル事件アルトキハ町村長ハ直ニ之ヲ其ノ會議ニ付スルコトヲ得會議ニ付スル日前三日目迄ニ告知ヲ爲シタル事件ニ付亦同シ

町村會ハ町村長之ヲ開閉ス

第四十八條 町村會ハ議員定數ノ半數以上出席スルニ非サレハ會議ヲ開クコトヲ得ス但シ第五十條ノ除斥ノ爲半數ニ滿タサルトキ、同一ノ事件ニ付招集再回ニ至ルモ仍半數ニ滿タサルトキ又ハ招集ニ應スルモ出席議員定數ヲ闕キ議長ニ於テ出席ヲ催告シ仍半數ニ滿タサルトキハ此ノ限ニ在ラス

第四十九條 町村會ノ議事ハ過半數ヲ以テ決ス可否同數ナルトキハ議長ノ決スル所ニ依ル

議長ハ其ノ職務ヲ行フ場合ニ於テモ之カ爲議員トシテ議決ニ加ハルノ權ヲ失ハス

第五十條 議長及議員ハ自己又ハ父母、祖父母、妻、子孫、兄弟姉妹ノ一身上ニ關スル事件ニ付テハ其ノ議事ニ參與スルコトヲ得ス但シ町村會ノ同意ヲ得タルトキハ會議ニ出席シ發言スルコトヲ得

第五十一條 法律勅令ニ依リ町村會ニ於テ

行フ選擧ニ付テハ第二十二條、第二十五條及第二十七條ノ規定ヲ準用ス其ノ投票ノ效力ニ關シ異議アルトキハ町村會之ヲ決定ス（同上）

町村會ハ議員中異議ナキトキハ前項ノ選擧ニ付指名推選ノ法ヲ用フルコトヲ得

指名推選ノ法ヲ用フル場合ニ於テハ被指名者ヲ以テ當選者ト定ムヘキヤ否ヲ會議ニ付シ議員全員ノ同意ヲ得タル者ヲ以テ當選者トス

一ノ選擧ヲ以テ二人以上ヲ選擧スル場合ニ於テハ被指名者ヲ區分シテ前項ノ規定ヲ適用スルコトヲ得ス（同上）

第五十二條　町村會ノ會議ハ公開ス但シ左ノ場合ハ此ノ限ニ在ラス

一　議長ノ意見ヲ以テ傍聽ヲ禁止シタルトキ

二　議員二人以上ノ發議ニ依リ傍聽禁止ヲ可決シタルトキ

前項議員ノ發議ハ討論ヲ須ヰス其ノ可否ヲ決スヘシ

第四十五條第三項ノ町村ニ於ケル町村會ノ會議ニ付テハ前二項ノ規定ニ拘ラス市制第五十六條ノ規定ヲ準用ス

第五十三條　議長ハ會議ヲ總理シ會議ノ順序ヲ定メ其ノ日ノ會議ヲ開閉シ議場ノ秩序ヲ保持ス

議員定數ノ半數以上ヨリ請求アルトキハ議長ハ其ノ日ノ會議ヲ開クコトヲ要ス此ノ場合ニ於テ議長仍會議ヲ開カサルトキハ第四十五條ノ例ニ依ル

前項議員ノ請求ニ依リ會議ヲ開キタルトキ又ハ議員中異議アルトキハ議長ハ會議ノ議決ニ依ルニ非サレハ其ノ日ノ會議ヲ

閉チ又ハ中止スルコトヲ得ス

第五十三條ノ二　町村會議員ハ町村會ノ議決スヘキ事件ニ付町村會ニ議案ヲ發スルコトヲ得但シ歳入出豫算ニ付テハ此ノ限ニ在ラス（**同上追加**）

前項ノ規定ニ依ル發案ハ議員三人以上ヨリ文書ヲ以テ之ヲ爲スコトヲ要ス（**同上**）

第五十四條　議員ハ選擧人ノ指示又ハ委囑ヲ受クヘカラス

議員ハ會議中無禮ノ語ヲ用ヰ又ハ他人ノ身上ニ涉リ言論スルコトヲ得ス

第五十五條　會議中本法又ハ會議規則ニ違ヒ其ノ他議場ノ秩序ヲ紊ス議員アルトキハ議長ハ之ヲ制止シ又ハ發言ヲ取消サシメ命ニ從ハサルトキハ當日ノ會議ヲ終ルマテ發言ヲ禁止シ又ハ議場外ニ退去セシメ必要アル場合ニ於テハ警察官吏ノ處分ヲ求ムルコトヲ得

議場騷擾ニシテ整理シ難キトキハ議長ハ當日ノ會議ヲ中止シ又ハ之ヲ閉ツルコトヲ得

第五十六條　傍聽人公然可否ヲ表シ又ハ喧騷ニ涉リ其ノ他會議ノ妨害ヲ爲ストキハ議長ハ之ヲ制止シ命ニ從ハサルトキハ之ヲ退場セシメ必要アル場合ニ於テハ警察官吏ノ處分ヲ求ムルコトヲ得

第五十七條　町村會ニ書記ヲ置キ議長ニ隷屬シテ庶務ヲ處理セシム

書記ハ議長之ヲ任免ス

第五十八條　議長ハ書記ヲシテ會議錄ヲ調製シ會議ノ顚末及出席議員ノ氏名ヲ記載セシムヘシ

會議錄ハ議長及議員二人以上之ニ署名スルコトヲ要ス其ノ議員ハ町村會ニ於テ之

ヲ定ムヘシ
第四十五條第三項ノ町村ニ於ケル町村會ノ會議ニ付テハ市制第六十二條第三項ノ規定ヲ準用ス

第五十九條 町村會ハ會議規則及傍聽人取締規則ヲ設クヘシ
會議規則ニハ本法及會議規則ニ違反シタル議員ニ對シ町村會ノ議決ニ依リ五日以內出席ヲ停止スル規定ヲ設クルコトヲ得

第三章 町村吏員

第一款 組織選擧及任免

第六十條 町村ニ町村長及助役一人ヲ置ク
但シ町村條例ヲ以テ助役ノ定數ヲ增加スルコトヲ得

第六十一條 町村長及助役ハ名譽職トス
町村ハ町村條例ヲ以テ町村長又ハ助役ヲ有給ト爲スコトヲ得

第六十二條 町村長及助役ノ任期ハ四年トス

第六十三條 町村長ハ町村會ニ於テ之ヲ選擧ス
町村長在職中ニ於テ行フ後任町村長ノ選擧ハ現任町村長ノ任期滿了ノ日前二十日以內又ハ現任町村長ノ退職ノ申立アリタル場合ニ於テ其ノ退職スヘキ日前二十日以內ニ非サレハ之ヲ行フコトヲ得ス（同上）
第一項ノ選擧ニ於テ當選者定マリタルトキハ直ニ當選者ニ當選ノ旨ヲ告知スヘシ
町村長ニ當選シタル者當選ノ告知ヲ受ケタルトキハ其ノ告示ヲ受ケタル日ヨリ二十日以內ニ其ノ當選ニ應スルヤ否ヲ申立ツヘシ其ノ期間內ニ當選ニ應スル旨ノ申立ヲ爲サヽルトキハ當選ヲ辭シタルモノ

ト看做ス

第二十九條第三項ノ規定ハ町村長ニ當選シタル者ニ之ヲ準用ス

助役ハ町村長ノ推薦ニ依リ町村會之ヲ定ム町村長職ニ在ラサルトキハ第一項ノ例ニ依ル

第二項乃至第五項ノ規定ハ助役ニ之ヲ準用ス

名譽職町村長及名譽職助役ハ其ノ町村公民中選擧權ヲ有スル者ニ限ル

有給町村長及有給助役ハ第七條第一項ノ規定ニ拘ラス在職ノ間其ノ町村ノ公民トス

第六十四條　有給町村長及有給助役ハ其ノ退職セムトスル日前三十日目迄ニ申立ツルニ非サレハ任期中退職スルコトヲ得ス但シ町村會ノ承認ヲ得タルトキハ此ノ限ニ在ラス

第六十五條　町村長及助役ハ第十五條第二項又ハ第四項ニ掲ケタル職ト兼ヌルコトヲ得ス又其ノ町村ニ對シ請負ヲ爲シ又ハ其ノ町村ニ於テ費用ヲ負擔スル事業ニ付町村長若ハ其ノ委任ヲ受ケタル者ニ對シ請負ヲ爲ス者及其ノ支配人又ハ主トシテ同一ノ行爲ヲ爲ス法人ノ無限責任社員、取締役監査役若ハ之ニ準スヘキ者、清算人及支配人タルコトヲ得ス

第六十六條　有給町村長ハ府縣知事ノ許可ヲ受クルニ非サレハ他ノ報償アル業務ニ從事スルコトヲ得ス

有給町村長及有給助役ハ會社ノ取締役監査役若ハ之ニ準スヘキ者、清算人又ハ支配人其ノ他ノ事務員タルコトヲ得ス

第六十七條　町村ニ收入役一人ヲ置ク但シ

特別ノ事情アル町村ニ於テハ町村條例ヲ以テ副收入役一人ヲ置クコトヲ得

收入役及副收入役ハ有給吏員トシ其ノ任期ハ四年トス

第六十三條第二項乃至第六項及第九項、第六十五條竝前條第二項ノ規定ハ收入役及副收入役ニ之ヲ準用ス(同上)

町村長又ハ助役ト父子兄弟タル緣故アル者ハ收入役又ハ副收入役ノ職ニ在ルコトヲ得ス收入役ト父子兄弟タル緣故アル者ハ副收入役ノ職ニ在ルコトヲ得ス

特別ノ事情アル町村ニ於テハ府縣知事ノ許可ヲ得テ町村長又ハ助役ヲシテ收入役ノ事務ヲ兼掌セシムルコトヲ得

第六十八條　町村ハ處務便宜ノ爲區ヲ劃シ區長及其ノ代理者一人ヲ置クコトヲ得

區長及其ノ代理者ハ名譽職トス町村公民中選擧權ヲ有スル者ヨリ町村長ノ推薦ニ依リ町村會之ヲ定ム此ノ場合ニ於テハ第六十三條第二項乃至第五項ノ規定ヲ準用ス(同上)

第六十九條　町村ハ臨時又ハ常設ノ委員ヲ置クコトヲ得

委員ハ名譽職トス町村會議員又ハ町村公民中選擧權ヲ有スル者ヨリ町村長ノ推薦ニ依リ町村會之ヲ定ム

第六十三條第二項乃至第五項ノ規定ハ委員ニ之ヲ準用ス(同上追加)

委員ノ組織ニ關シテハ町村條例ヲ以テ別段ノ規定ヲ設クルコトヲ得

第七十條　町村公民ニ限リテ擔任スヘキ職務ニ在ル吏員又ハ職ニ就キタルカ爲町村公民タル者選擧權ヲ有セサルニ至リタルトキハ其ノ職ヲ失フ

前項ノ職務ニ在ル者ニシテ禁錮以上ノ刑ニ當ルヘキ罪ノ爲豫審又ハ公判ニ付セラレタルトキハ監督官廳ハ其ノ職務ノ執行ヲ停止スルコトヲ得此ノ場合ニ於テハ其ノ停止期間報酬又ハ給料ヲ支給スルコトヲ得ス

第七十一條　前數條ニ定ムル者ノ外町村ニ必要ノ有給吏員ヲ置キ町村長之ヲ任免ス

前項吏員ノ定數ハ町村會ノ議決ヲ經テ之ヲ定ム

第二款　職務權限

第七十二條　町村長ハ町村ヲ統轄シ町村ヲ代表ス

町村長ノ擔任スル事務ノ概目左ノ如シ

一　町村會ノ議決ヲ經ヘキ事件ニ付其ノ議案ヲ發シ及其ノ議決ヲ執行スル事

二　財産及營造物ヲ管理スル事但シ特ニ之カ管理者ヲ置キタルトキハ其ノ事務ヲ監督スル事

三　收入支出ヲ命令シ及會計ヲ監督スル事

四　證書及公文書類ヲ保管スル事

五　法令又ハ町村會ノ議決ニ依リ使用料、手數料、加入金町村稅又ハ夫役現品ヲ賦課徴收スル事

六　其ノ他法令ニ依リ町村長ノ職權ニ屬スル事項

第七十三條　町村長ハ町村吏員ヲ指揮監督シ之ニ對シ懲戒ヲ行フコトヲ得其ノ懲戒處分ハ譴責及五圓以下ノ過怠金トス

第七十四條　町村會ノ議決又ハ選擧其ノ權限ヲ越エ又ハ法令若ハ會議規則ニ背クト認ムルトキハ町村長ハ其ノ意見ニ依リ又ハ監督官廳ノ指揮ニ依リ理由ヲ示シテ之

ヲ再議ニ付シ又ハ再選擧ヲ行ハシムヘシ但シ特別ノ事由アリト認ムルトキハ町村長ハ議決ニ付テハ之ヲ再議ニ付セスシテ直ニ府縣參事會ノ裁決ヲ請フコトヲ得

(同上)

前項ノ規定ニ依リ爲シタル町村會ノ議決仍其ノ權限ヲ越エ又ハ法令若ハ會議規則ニ背クト認ムルトキハ町村長ハ府縣參事會ノ裁決ヲ請フヘシ

監督官廳ハ前二項ノ議決又ハ選擧ヲ取消スコトヲ得

第一項若ハ第二項ノ裁決又ハ前項ノ處分ニ不服アル町村長又ハ町村會ハ行政裁判所ニ出訴スルコトヲ得

第一項又ハ第二項ノ裁決ニ付テハ府縣知事ヨリモ訴訟ヲ提起スルコトヲ得

第七十四條ノ二 町村會ノ議決明ニ公益ヲ害スト認ムルトキハ町村長ハ其ノ意見ニ依リ又ハ監督官廳ノ指揮ニ依リ理由ヲ示シテ之ヲ再議ニ付スヘシ但シ特別ノ事由アリト認ムルトキハ町村長ハ之ヲ再議ニ付セスシテ直ニ府縣知事ノ指揮ヲ請フコトヲ得(同上)

前項ノ規定ニ依リ爲シタル町村會ノ議決仍明ニ公益ヲ害スト認ムルトキハ町村長ハ府縣知事ノ指揮ヲ請フヘシ

町村會ノ議決收支ニ關シ執行スルコト能ハサルモノアリト認ムルトキハ前二項ノ例ニ依ル左ニ掲クル費用ヲ削除シ又ハ減額シタル場合ニ於テ其ノ費用及之ニ伴フ收入ニ付亦同シ

一　法令ニ依リ負擔スル費用、當該官廳ノ職權ニ依リ命スル費用其ノ他ノ町村ノ義務ニ屬スル費用

二　非常ノ災害ニ因ル應急又ハ復舊ノ施設ノ爲ニ要スル費用傳染病豫防ノ爲ニ要スル費用其ノ他ノ緊急避クヘカラサル費用

前三項ノ規定ニ依ル府縣知事ノ處分ニ不服アル町村長又ハ町村會ハ內務大臣ニ訴願スルコトヲ得

第七十五條　町村會成立セサルトキ又ハ第四十八條但書ノ場合ニ於テ仍會議ヲ開クコト能ハサルトキハ町村長ハ府縣知事ニ具狀シテ指揮ヲ請ヒ町村會ノ議決スヘキ事件ヲ處置スルコトヲ得

町村會ニ於テ其ノ議決スヘキ事件ヲ議決セサルトキハ前項ノ例ニ依ル

町村會ノ決定スヘキ事件ニ關シテハ前二項ノ例ニ依ル此ノ場合ニ於ケル町村長ノ處置ニ關シテハ各本條ノ規定ニ準シ訴願又ハ訴訟ヲ提起スルコトヲ得

前三項ノ規定ニ依ル處置ニ付テハ次回ノ會議ニ於テ之ヲ町村會ニ報告スヘシ

第七十六條　町村會ニ於テ議決又ハ決定スヘキ事件ニ關シ臨時急施ヲ要スル場合ニ於テ町村會成立セサルトキ又ハ町村長ニ於テ之ヲ招集スルノ暇ナシト認ムルトキハ町村長ハ之ヲ專決シ次回ノ會議ニ於テ之ヲ町村會ニ報告スヘシ

前項ノ規定ニ依リ町村長ノ爲シタル處分ニ關シテハ各本條ノ規定ニ準シ訴願又ハ訴訟ヲ提起スルコトヲ得

第七十六條ノ二　町村會ノ權限ニ屬スル事項ノ一部ハ其ノ議決ニ依リ町村長ニ於テ專決處分スルコトヲ得(同上)

第七十七條　町村長其ノ他町村吏員ハ從來法令又ハ將來法律勅令ノ定ムル所ニ依リ

國府縣其ノ他公共團體ノ事務ヲ掌ル（同上）

前項ノ事務ヲ執行スル爲要スル費用ハ町村ノ負擔トス但シ法令中別段ノ規定アルモノハ此ノ限ニ在ラス

第七十八條　町村長ハ其ノ事務ノ一部ヲ助役又ハ區長ニ分掌セシムルコトヲ得但シ町村ノ事務ニ付テハ豫メ町村會ノ同意ヲ得ルコトヲ要ス

町村長ハ町村吏員ヲシテ其ノ事務ノ一部ヲ臨時代理セシムルコトヲ得

第七十九條　助役ハ町村長ノ事務ヲ補助ス

助役ハ町村長故障アルトキ之ヲ代理ス助役數人アルトキハ豫メ町村長ノ定メタル順序ニ依リ之ヲ代理ス

第八十條　收入役ハ町村ノ出納其ノ他ノ會計事務及第七十七條ノ事務ニ關スル國府縣其ノ他公共團體ノ出納其ノ他ノ會計事務ヲ掌ル但シ法令中別段ノ規定アルモノハ此ノ限ニ在ラス

町村會ハ町村長ノ推薦ニ依リ收入役故障アルトキ之ヲ代理スヘキ吏員ヲ定ムヘシ但シ副收入役ヲ置キタル町村ハ此ノ限ニ在ラス

副收入役ハ收入役ノ事務ヲ補助シ收入役故障アルトキ之ヲ代理ス

町村長ハ收入役ノ事務ノ一部ヲ副收入役ニ分掌セシムルコトヲ得但シ町村ノ出納其ノ他ノ會計事務ニ付テハ豫メ町村會ノ同意ヲ得ルコトヲ要ス

第八十一條　區長ハ町村長ノ命ヲ承ケ町村長ノ事務ニシテ區內ニ關スルモノヲ補助ス

區長代理者ハ區長ノ事務ヲ補助シ區長故

障アルトキ之ヲ代理ス

第八十二條　委員ハ町村長ノ指揮監督ヲ承ケ財產又ハ營造物ヲ管理シ其ノ他委託ヲ受ケタル町村ノ事務ヲ調査シ又ハ之ヲ處辨ス

第八十三條　第七十一條ノ吏員ハ町村長ノ命ヲ承ケ事務ニ從事ス

第四章　給料及給與

第八十四條　名譽職町村長、名譽職助役、町村會議員其ノ他ノ名譽職員ハ職務ノ爲要スル費用ノ辨償ヲ受クルコトヲ得

名譽職町村長、名譽職助役、區長、區長代理者及委員ニハ費用辨償ノ外勤務ニ相當スル報酬ヲ給スルコトヲ得

費用辨償額、報酬額及其ノ支給方法ハ町村條例ヲ以テ之ヲ規定スヘシ(同上)

第八十五條　有給町村長、有給助役其ノ他ノ有給吏員ノ給料額、旅費額及其ノ支給方法ハ町村條例ヲ以テ之ヲ規定スヘシ(同上)

第八十六條　有給吏員ニハ町村條例ノ定ムル所ニ依リ退隱料、退職給與金、死亡給與金又ハ遺族扶助料ヲ給スルコトヲ得

第八十七條　費用辨償、報酬、給料、旅費、退隱料、退職給與金、死亡給與金又ハ遺族扶助料ノ給與ニ付關係者ニ於テ異議アルトキハ之ヲ町村長ニ申立ツルコトヲ得

前項ノ異議ノ申立アリタルトキハ町村長ハ七日以內ニ之ヲ町村會ノ決定ニ付スヘシ關係者其ノ決定ニ不服アルトキハ府縣參事會ニ訴願シ其ノ裁決又ハ第三項ノ裁決ニ不服アルトキハ行政裁判所ニ出訴スルコトヲ得

前項ノ決定及裁決ニ付テハ町村長ヨリモ

訴願又ハ訴訟ヲ提起スルコトヲ得
前二項ノ裁決ニ付テハ府縣知事ヨリモ訴訟ヲ提起スルコトヲ得
第八十八條　費用辨償、報酬、給料、旅費、退隱料、退職給與金、死亡給與金、遺族扶助料其ノ他ノ給與ハ町村ノ負擔トス

第五章　町村ノ財務

第一款　財産營造物及町村稅

第八十九條　收益ノ爲ニスル町村ノ財産ハ基本財産トシ之ヲ維持スヘシ
町村ハ特定ノ目的ノ爲特別ノ基本財産ヲ設ケ又ハ金穀等ヲ積立ツルコトヲ得
第九十條　舊來ノ慣行ニ依リ町村住民中特ニ財産又ハ營造物ヲ使用スル權利ヲ有スル者アルトキハ其ノ舊慣ニ依ル舊慣ヲ變更又ハ廢止セムトスルトキハ町村會ノ議決ヲ經ヘシ
前項ノ財産又ハ營造物ヲ新ニ使用セムトスル者アルトキハ町村ハ之ヲ許可スルコトヲ得
第九十一條　町村ハ前條ニ規定スル財産ノ使用方法ニ關シ町村規則ヲ設クルコトヲ得
第九十二條　町村ハ第九十條第一項ノ使用者ヨリ使用料ヲ徵收シ同條第二項ノ使用ニ關シテハ使用料若ハ一時ノ加入金ヲ徵收シ又ハ使用料及加入金ヲ共ニ徵收スルコトヲ得
第九十三條　町村ハ營造物ノ使用ニ付使用料ヲ徵收スルコトヲ得
町村ハ特ニ一個人ノ爲ニスル事務ニ付手數料ヲ徵收スルコトヲ得
第九十四條　財産ノ賣却貸與、工事ノ請負及物件勞力其ノ他ノ供給ハ競爭入札ニ付

スヘシ但シ臨事急施ヲ要スルトキ、入札ノ價額其ノ費用ニ比シテ得失相償ハサルトキ又ハ町村會ノ同意ヲ得タルトキハ此ノ限ニ在ラス

第九十五條　町村ハ其ノ公益上必要アル場合ニ於テハ寄附又ハ補助ヲ爲スコトヲ得

第九十六條　町村ハ其ノ必要ナル費用及從來法令ニ依リ又ハ將來法律勅令ニ依リ町村ノ負擔ニ屬スル費用ヲ支辨スル義務ヲ負フ

町村ハ其ノ財産ヨリ生スル收入、使用料、手數料、過料、過怠金其ノ他法令ニ依リ町村ニ屬スル收入ヲ以テ前項ノ支出ニ充テ仍不足アルトキハ町村税及夫役現品ヲ賦課徴收スルコトヲ得

第九十七條　町村税トシテ賦課スルコトヲ得ヘキモノ左ノ如シ（同上）

一　直接國税及府縣税ノ附加税

二　特別税

直接國税又ハ府縣税ノ附加税ハ均一ノ税率ヲ以テ之ヲ徴收スヘシ但シ第百四十七條ノ規定ニ依リ許可ヲ受ケタル場合ハ此ノ限ニ在ラス（同上）

國税ノ附加税タル府縣税ニ對シテハ附加税ヲ賦課スルコトヲ得ス

特別税ハ別ニ税目ヲ起シテ課税スルノ必要アルトキ賦課徴收スルモノトス

第九十八條　三月以上町村内ニ滯在スル者ハ其ノ滯在ノ初ニ遡リ町村税ヲ納ムル義務ヲ負フ

第九十九條　町村内ニ住所ヲ有セス又ハ三月以上滯在スルコトナシト雖町村内ニ於テ土地家屋物件ヲ所有シ、使用シ若ハ占

有シ町村內ニ營業所ヲ設ケテ營業ヲ爲シ又ハ町村內ニ於テ特定ノ行爲ヲ爲ス者ハ其ノ土地家屋物件營業若ハ其ノ收入ニ對シ又ハ其ノ行爲ニ對シテ賦課スル町村稅ヲ納ムル義務ヲ負フ

第九十九條ノ二 合併後存續スル法人又ハ合併ニ因リ設立シタル法人ハ合併ニ因リ消滅シタル法人ニ對シ其ノ合併前ノ事實ニ付賦課セラルヘキ町村稅ヲ納ムル義務ヲ負フ

相續人又ハ相續財團ハ勅令ノ定ムル所ニ依リ被相續人ニ對シ其ノ相續開始前ノ事實ニ付賦課セラルヘキ町村稅ヲ納ムル義務ヲ負フ(同上)

第百條 納稅者ノ町村外ニ於テ所有シ使用シ占有スル土地家屋物件若ハ其ノ收入又ハ町村外ニ於テ營業所ヲ設ケタル營業若ハ其ノ收入ニ對シテハ町村稅ヲ賦課スルコトヲ得ス

町村ノ內外ニ於テ營業所ヲ設ケ營業ヲ爲ス者ニシテ其ノ營業又ハ收入ニ對スル本稅ヲ分別シテ納メサルモノニ對シ附加稅ヲ賦課スル場合及住所滯在町村ノ內外ニ涉ル者ノ收入ニシテ土地家屋物件又ハ營業所ヲ設ケタル營業ヨリ生スル收入ニ非サルモノニ對シ町村稅ヲ賦課スル場合ニ付テハ勅令ヲ以テ之ヲ定ム

第百一條 所得稅法第十八條ニ揭クル所得ニ對シテハ町村稅ヲ賦課スルコトヲ得ス

神社寺院祠宇佛堂ノ用ニ供スル建物及其ノ境內地竝教會所說教所ノ用ニ供スル建物及其ノ構內地ニ對シテハ町村稅ヲ賦課スルコトヲ得ス但シ有料ニテ之ヲ使用セシムル者及住宅ヲ以テ教會所說教所ノ用

ニ充ツル者ニ對シテハ此ノ限ニ在ラス
國府縣市町村其ノ他公共團體ニ於テ公用ニ供スル家屋物件及營造物ニ對シテハ町村稅ヲ賦課スルコトヲ得ス但シ有料ニテ之ヲ使用セシムル者及使用收益者ニ對シテハ此ノ限ニ在ラス
國ノ事業又ハ行爲及國有ノ土地家屋物件ニ對シテハ國ニ町村稅ヲ賦課スルコトヲ得ス
前四項ノ外町村稅ヲ賦課スルコトヲ得サルモノハ別ニ法律勅令ノ定ムル所ニ依ル

第百一條ノ二　町村ハ公益上其ノ他ノ事由ニ因リ課稅ヲ不適當トスル場合ニ於テハ命令ノ定ムル所ニ依リ町村稅ヲ課セサルコトヲ得

第百二條　數人ヲ利スル營造物ノ設置維持其ノ他ノ必要ナル費用ハ其ノ關係者ニ負擔セシムルコトヲ得
町村ノ一部ヲ利スル營造物ノ設置維持其ノ他ノ必要ナル費用ハ其ノ部內ニ於テ町村稅ヲ納ムル義務アル者ニ負擔セシムルコトヲ得
前二項ノ場合ニ於テ營造物ヨリ生スル收入アルトキハ先ツ其ノ收入ヲ以テ其ノ費用ニ充ツヘシ
前項ノ場合ニ於テ其ノ一部ノ收入アルトキ亦同シ
數人又ハ町村ノ一部ヲ利スル財產ニ付テハ前三項ノ例ニ依ル

第百三條　町村稅及其ノ賦課徵收ニ關シテハ本法其ノ他ノ法律ニ規定アルモノノ外勅令ヲ以テ之ヲ定ムルコトヲ得

第百四條　數人又ハ町村ノ一部ニ對シ特ニ利益アル事件ニ關シテハ町村ハ不均一ノ

賦課ヲ爲シ又ハ數人若ハ町村ノ一部ニ對シ賦課ヲ爲スコトヲ得

第百五條　夫役又ハ現品ハ直接町村税ヲ準率ト爲シ直接町村税ヲ賦課セサル町村ニ於テハ直接國税ヲ準率ト爲シ且之ヲ金額ニ算出シテ賦課スヘシ但シ第百四十七條ノ規定ニ依リ許可ヲ受ケタル場合ハ此限ニ在ラス

學藝美術及手工ニ關スル勞務ニ付テハ夫役ヲ賦課スルコトヲ得ス

夫役ヲ賦課セラレタル者ハ本人自ラ之ニ當リ又ハ適當ノ代人ヲ出スコトヲ得

夫役又ハ現品ハ金錢ヲ以テ之ニ代フルコトヲ得

第一項及前項ノ規定ハ急迫ノ場合ニ賦課スル夫役ニ付テハ之ヲ適用セス

第百六條　非常災害ノ爲必要アルトキハ町村ハ他人ノ土地ヲ一時使用シ又ハ其ノ土石竹木其ノ他ノ物品ヲ使用シ若ハ收用スルコトヲ得但シ其ノ損失ヲ補償スヘシ

前項ノ場合ニ於テ危險防止ノ爲必要アルトキハ町村長、警察官吏又ハ監督官廳ハ町村内ノ居住者ヲシテ防禦ニ從事セシムルコトヲ得

第一項但書ノ規定ニ依リ補償スヘキ金額ハ協議ニ依リ之ヲ定ム協議調ハサルトキハ鑑定人ノ意見ヲ徴シ府縣知事之ヲ決定ス決定ヲ受ケタル者其ノ決定ニ不服アルトキハ内務大臣ニ訴願スルコトヲ得

前項ノ決定ハ文書ヲ以テ之ヲ爲シ其ノ理由ヲ附シ之ヲ本人ニ交付スヘシ

第一項ノ規定ニ依リ土地ノ一時使用ノ處分ヲ受ケタル者其ノ處分ニ不服アルトキハ府縣知事ニ訴願シ其ノ裁決ニ不服アル

トキハ内務大臣ニ訴願スルコトヲ得

第百七條　町村稅ノ賦課ニ關シ必要アル場合ニ於テハ當該吏員ハ日出ヨリ日沒迄ノ間營業者ニ關シテハ仍其ノ營業時間内家宅若ハ營業所ニ臨檢シ又ハ帳簿物件ノ檢査ヲ爲スコトヲ得

前項ノ場合ニ於テハ當該吏員ハ其ノ身分ヲ證明スヘキ證票ヲ携帶スヘシ

第百八條　町村長ハ納稅者中特別ノ事情アル者ニ對シ納稅延期ヲ許スコトヲ得其ノ年度ヲ越ユル場合ハ町村會ノ議決ヲ經ヘシ

町村ハ特別ノ事情アル者ニ限リ町村稅ヲ減免スルコトヲ得

第百九條　使用料手數料及特別稅ニ關スル事項ニ付テハ町村條例ヲ以テ之ヲ規定スヘシ

詐僞其ノ他ノ不正ノ行爲ニ依リ使用料ノ徵收ヲ免レ又ハ町村稅ヲ逋脫シタル者ニ付テハ町村條例ヲ以テ其ノ徵收ヲ免レ又ハ逋脫シタル金額ノ三倍ニ相當スル金額（其ノ金額五圓未滿ナルトキハ五圓）以下ノ過料ヲ科スル規定ヲ設クルコトヲ得

前項ニ定ムルモノヲ除クノ外使用料、手數料及町村稅ノ賦課徵收ニ關シテハ町村條例ヲ以テ五圓以下ノ過料ヲ科スル規定ヲ設クルコトヲ得財産又ハ營造物ノ使用ニ關シ亦同シ

過料ノ處分ヲ受ケタル者其ノ處分ニ不服アルトキハ府縣參事會ニ訴願シ其ノ裁決ニ不服アルトキハ行政裁判所ニ出訴スルコトヲ得

前項ノ裁決ニ付テハ府縣知事又ハ町村長ヨリモ訴訟ヲ提起スルコトヲ得

第百十條　町村税ノ賦課ヲ受ケタル者其ノ賦課ニ付違法又ハ錯誤アリト認ムルトキハ徴税令書ノ交付ヲ受ケタル日ヨリ三月以内ニ町村長ニ異議ノ申立ヲ爲スコトヲ得

財産又ハ營造物ヲ使用スル權利ニ關シ異議アル者ハ之ヲ町村長ニ申立ツルコトヲ得

前二項ノ異議ノ申立アリタルトキハ町村長ハ七日以内ニ之ヲ町村會ノ決定ニ付スヘシ決定ヲ受ケタル者其ノ決定ニ不服アルトキハ府縣參事會ニ訴願シ其ノ裁決又ハ第五項ノ裁決ニ不服アルトキハ行政裁判所ニ出訴スルコトヲ得

第一項及前項ノ規定ハ使用料手數料及加入金ノ徴收並夫役現品ノ賦課ニ關シ之ヲ準用ス

前二項ノ規定ニ依ル決定及裁決ニ付テハ町村長ヨリモ訴願又ハ訴訟ヲ提起スルコトヲ得

前三項ノ規定ニ依ル裁決ニ付テハ府縣知事ヨリモ訴訟ヲ提起スルコトヲ得

第百十一條　町村税、使用料、手數料、加入金、過料、過怠金其ノ他ノ町村ノ收入ヲ定期内ニ納メサル者アルトキハ町村長ハ期限ヲ指定シテ之ヲ督促スヘシ

夫役現品ノ賦課ヲ受ケタル者定期内ニ其ノ履行ヲ爲サス又ハ夫役現品ニ代フル金錢ヲ納メサルトキハ町村長ハ期限ヲ指定シテ之ヲ督促スヘシ急迫ノ場合ニ賦課シタル夫役ニ付テハ更ニ之ヲ金額ニ算出シ期限ヲ指定シテ其ノ納付ヲ命スヘシ

前二項ノ場合ニ於テハ町村條例ノ定ムル所ニ依リ手數料ヲ徴收スルコトヲ得

滯納者第一項又ハ第二項ノ督促又ハ命令ヲ受ケ其ノ指定ノ期限內ニ之ヲ完納セサルトキハ國稅滯納處分ノ例ニ依リ之ヲ處分スヘシ

第一項乃至第三項ノ徴收金ハ府縣ノ徴收金ニ次テ先取特權ヲ有シ其ノ追徴還付及時效ニ付テハ國稅ノ例ニ依ル

前三項ノ處分ニ不服アル者ハ府縣參事會ニ訴願シ其ノ裁決ニ不服アルトキハ行政裁判所ニ出訴スルコトヲ得

前項ノ裁決ニ付テハ府縣知事又ハ町村長ヨリモ訴訟ヲ提起スルコトヲ得

第四項ノ處分中差押物件ノ公賣ハ處分ノ確定ニ至ル迄執行ヲ停止ス

第百十二條 町村ハ其ノ負債ヲ償還スル爲、町村ノ永久ノ利益ト爲ルヘキ支出ヲ爲ス爲又ハ天災事變等ノ爲必要アル場合ニ限リ町村債ヲ起スコトヲ得

町村債ヲ起スニ付町村會ノ議決ヲ經ルトキハ併セテ起債ノ方法、利息ノ定率及償還ノ方法ニ付議決ヲ經ヘシ

町村ハ豫算內ノ支出ヲ爲ス爲一時ノ借入金ヲ爲スコトヲ得

前項ノ借入金ハ其ノ會計年度內ノ收入ヲ以テ償還スヘシ

第二款 歲入出豫算及決算

第百十三條 町村長ハ每會計年度歲入出豫算ヲ調製シ遲クトモ年度開始ノ一月前ニ町村會ノ議決ヲ經ヘシ

町村ノ會計年度ハ政府ノ會計年度ニ依ル

豫算ヲ町村會ニ提出スルトキハ町村長ハ併セテ事務報告書及財產表ヲ提出スヘシ

第百十四條　町村長ハ町村會ノ議決ヲ經テ既定豫算ノ追加又ハ更正ヲ爲スコトヲ得

第百十五條　町村費ヲ以テ支辨スル事件ニシテ數年ヲ期シテ其ノ費用ヲ支出スヘキモノハ町村會ノ議決ヲ經テ其ノ年期間各年度ノ支出額ヲ定メ繼續費ト爲スコトヲ得

第百十六條　町村ハ豫算外ノ支出又ハ豫算超過ノ支出ニ充ツル爲豫備費ヲ設クヘシ

特別會計ニハ豫備費ヲ設ケサルコトヲ得

豫備費ハ町村會ノ否決シタル費途ニ充ツルコトヲ得ス

第百十七條　豫算ハ議決ヲ經タル後直ニ之ヲ府縣知事ニ報告シ且其ノ要領ヲ告示スヘシ

第百十八條　町村ハ特別會計ヲ設クルコトヲ得

第百十九條　町村會ニ於テ豫算ヲ議決シタルトキハ町村長ヨリ其ノ謄本ヲ收入役ニ交付スヘシ

收入役ハ町村長又ハ監督官廳ノ命令アルニ非サレハ支拂ヲ爲スコトヲ得ス命令ヲ受クルモ支出ノ豫算ナク且豫備費支出、費目流用其ノ他財務ニ關スル規定ニ依リ支出ヲ爲スコトヲ得サルトキ亦同シ

前二項ノ規定ハ收入役ノ事務ヲ兼掌シタル町村長又ハ助役ニ之ヲ準用ス

第百二十條　町村ノ支拂金ニ關スル時效ニ付テハ政府ノ支拂金ノ例ニ依ル

第百二十一條　町村ノ出納ハ毎月例日ヲ定メテ之ヲ檢査シ且毎會計年度少クトモ二回臨時檢査ヲ爲スヘシ

檢査ハ町村長之ヲ爲シ臨時檢査ニハ町村會ニ於テ選擧シタル議員二人以上ノ立會

ヲ要ス

第百二十二條　町村ノ出納ハ翌年度五月三十一日ヲ以テ閉鎖ス

決算ハ出納閉鎖後一月以内ニ證書類ヲ併セテ收入役ヨリ之ヲ町村長ニ提出スヘシ町村長ハ之ヲ審査シ意見ヲ付シテ次ノ通常豫算ヲ議スル會議迄ニ之ヲ町村會ノ認定ニ付スヘシ

第六十七條第五項ノ場合ニ於テハ前項ノ例ニ依ル但シ町村長ニ於テ兼掌シタルトキハ直ニ町村會ノ認定ニ付スヘシ

決算ハ其ノ認定ニ關スル町村會ノ議決ト共ニ之ヲ府縣知事ニ報告シ且其ノ要領ヲ告示スヘシ

決算ノ認定ニ關スル會議ニ於テハ町村長及助役共ニ議長ノ職務ヲ行フコトヲ得ス

第百二十三條　豫算調製ノ式、費目流用其ノ他財務ニ關シ必要ナル規定ハ内務大臣之ヲ定ム

第六章　町村ノ一部ノ事務

第百二十四條　町村ノ一部ニシテ財產ヲ有シ又ハ營造物ヲ設ケタルモノアルトキハ其ノ財產又ハ營造物ノ管理及處分ニ付テハ本法中町村ノ財產又ハ營造物ニ關スル規定ニ依ル但シ法律勅令中別段ノ規定アル場合ハ此ノ限ニ在ラス

前項ノ財產又ハ營造物ニ關シ特ニ要スル費用ハ其ノ財產又ハ營造物ノ屬スル町村ノ一部ノ負擔トス

前二項ノ場合ニ於テハ町村ノ一部ハ其ノ會計ヲ分別スヘシ

第百二十五條　前條ノ財產又ハ營造物ニ關シ必要アリト認ムルトキハ府縣知事ハ町村會ノ意見ヲ徵シテ町村條例ヲ設定シ區

會又ハ區總會ヲ設ケテ町村會ノ議決スヘキ事項ヲ議決セシムルコトヲ得

第百二十六條　區會議員ハ町村ノ名譽職トス其ノ定數、任期、選擧權及被選擧權ニ關スル事項ハ前條ノ町村條例中ニ之ヲ規定スヘシ區總會ノ組織ニ關スル事項ニ付亦同シ

區會議員ノ選擧ニ付テハ町村會議員ニ關スル規定ヲ準用ス但シ選擧若ハ當選ノ效力ニ關スル異議ノ決定及被選擧權ノ有無ノ決定ハ町村會ニ於テ之ヲ爲スヘシ（同上）

區會又ハ區總會ニ關シテハ町村會ニ關スル規定ヲ準用ス

第百二十七條　第百二十四條ノ場合ニ於テ町村ノ一部府縣知事ノ處分ニ不服アルトキハ内務大臣ニ訴願スルコトヲ得

第百二十八條　第百二十四條ノ町村ノ一部ノ事務ニ關シテハ本法ニ規定スルモノノ外勅令ヲ以テ之ヲ定ム

第七章　町村組合

第百二十九條　町村ハ其ノ事務ノ一部ヲ共同處理スル爲其ノ協議ニ依リ府縣知事ノ許可ヲ得テ町村組合ヲ設クルコトヲ得此ノ場合ニ於テ組合内各町村ノ町村會又ハ町村吏員ノ職務ニ屬スル事項ナキニ至リタルトキハ其ノ町村會又ハ町村吏員ハ組合成立ト同時ニ消滅ス

町村ハ特別ノ必要アル場合ニ於テハ其ノ協議ニ依リ府縣知事ノ許可ヲ得テ其ノ事務ノ全部ヲ共同處理スル爲町村組合ヲ設クルコトヲ得此ノ場合ニ於テハ組合内各町村ノ町村會及町村吏員ハ組合成立ト同時ニ消滅ス公益上必要アル場合ニ於テハ

府縣知事ハ關係アル町村會ノ意見ヲ徵シ府縣參事會ノ議決ヲ經テ前二項ノ町村組合ヲ設クルコトヲ得

町村組合ハ法人トス

第百三十條 前條第一項ノ町村組合ニシテ其ノ組合町村ノ數ヲ增減シ又ハ共同事務ノ變更ヲ爲サムトスルトキハ關係町村ノ協議ニ依リ府縣知事ノ許可ヲ受クヘシ

前條第二項ノ町村組合ニシテ其ノ組合町村ノ數ヲ減少セムトスルトキハ組合會ノ議決ニ依リ其ノ組合町村ノ數ヲ增加セムトスルトキハ其ノ町村組合ト新ニ加ハラムトスル町村トノ協議ニ依リ府縣知事ノ許可ヲ受クヘシ

公益上必要アル場合ニ於テハ府縣知事ハ關係アル町村會又ハ組合會ノ意見ヲ徵シ府縣參事會ノ議決ヲ經テ組合町村ノ數ヲ增減シ又ハ一部事務ノ爲設クル組合ノ共同事務ノ變更ヲ爲スコトヲ得

第百三十一條 町村組合ヲ設クルトキハ關係町村ノ協議ニ依リ組合規約ヲ定メ府縣知事ノ許可ヲ受クヘシ

組合規約ヲ變更セムトスルトキハ一部事務ノ爲ニ設クル組合ニ在リテハ關係町村ノ協議ニ依リ全部事務ノ爲ニ設クル組合ニ在リテハ組合會ノ議決ヲ經府縣知事ノ許可ヲ受クヘシ

公益上必要アル場合ニ於テハ府縣知事ハ關係アル町村會又ハ組合會ノ意見ヲ徵シ府縣參事會ノ議決ヲ經テ組合規約ヲ定メ又ハ變更スルコトヲ得

第百三十二條 組合規約ニハ組合ノ名稱、組合ヲ組織スル町村、組合ノ共同事務及組合役場ノ位置ヲ定ムヘシ一部事務ノ爲ニ設クル組合ノ組合規約ニハ前項ノ外組合會ノ組織及組合會議員ノ選擧組合吏員ノ組織及選任竝組合費用ノ支辨方法ニ付規定ヲ設クヘシ

第百三十三條　町村組合ヲ解カムトスルトキハ一部事務ノ爲ニ設クル組合ニ於テハ關係町村ノ協議ニ依リ全部事務ノ爲ニ設クル組合ニ於テハ組合會ノ議決ニ依リ府縣知事ノ許可ヲ受クヘシ

公益上必要アル場合ニ於テハ府縣知事ハ關係アル町村會又ハ組合會ノ意見ヲ徵シ府縣參事會ノ議決ヲ經テ町村組合ヲ解クコトヲ得

第百三十四條　第百三十條第一項第二項及前條第一項ノ場合ニ於テ財產ノ處分ニ關スル事項ハ關係町村ノ協議、關係町村ト組合トノ協議又ハ組合會ノ議決ニ依リ之ヲ定ム

第百三十條第三項及前條第二項ノ場合ニ於テ財產ノ處分ニ關スル事項ハ關係アル町村會又ハ組合會ノ意見ヲ徵シ府縣參事會ノ議決ヲ經テ府縣知事之ヲ定ム

第百三十五條　第百二十九條第一項及第二項第百三十條第一項及第二項第百三十一條第一項及第二項第百三十三條第一項竝前條第二項ノ規定ニ依ル府縣知事ノ處分ニ不服アル町村又ハ町村組合ハ內務大臣ニ訴願スルコトヲ得

組合費ノ分賦ニ關シ違法又ハ錯誤アリト認ムル町村ハ其ノ告知アリタル日ヨリ三月以內ニ組合ノ管理者ニ異議ノ申立ヲ爲スコトヲ得

前項ノ異議ノ申立アリタルトキハ組合ノ管理者ハ七日以內ニ之ヲ組合會ノ決定ニ

付スヘシ其ノ決定ニ不服アル町村ハ府縣參事會ニ訴願シ其ノ裁決又ハ第四項ノ裁決ニ不服アルトキハ行政裁判所ニ出訴スルコトヲ得

前項ノ決定及裁決ニ付テハ組合ノ管理者ヨリモ訴願又ハ訴訟ヲ提起スルコトヲ得

前二項ノ裁決ニ付テハ府縣知事ヨリモ訴訟ヲ提起スルコトヲ得

第百三十六條 町村組合ニ關シテハ法律勅令中別段ノ規定アル場合ヲ除クノ外町村ニ關スル規定ヲ準用ス

第八章　町村ノ監督

第百三十七條 町村ハ第一次ニ於テ府縣知事之ヲ監督シ第二次ニ於テ內務大臣之ヲ監督ス

第百三十八條 本法中別段ノ規定アル場合ヲ除クノ外町村ノ監督ニ關スル府縣知事ノ處分ニ不服アル町村ハ內務大臣ニ訴願スルコトヲ得

第百三十九條 本法中行政裁判所ニ出訴スルコトヲ得ヘキ場合ニ於テハ內務大臣ニ訴願スルコトヲ得ス

第百四十條 異議ノ申立又ハ訴願ノ提起ハ處分決定又ハ裁決アリタル日ヨリ二十一日以內ニ之ヲ爲スヘシ但シ本法中別ニ期間ヲ定メタルモノハ此ノ限ニ在ラス

行政訴訟ノ提起ハ處分決定裁定又ハ裁決アリタル日ヨリ三十日以內ニ之ヲ爲スヘシ

決定書又ハ裁決書ノ交付ヲ受ケサル者ニ關シテハ前二項ノ期間ハ告示ノ日ヨリ之ヲ起算ス

異議ノ申立ニ關スル期間ノ計算ニ付テハ訴願法ノ規定ニ依ル

異議ノ申立ハ期限經過後ニ於テモ宥恕スヘキ事由アリト認ムルトキハ仍之ヲ受理スルコトヲ得

異議ノ決定ハ文書ヲ以テ之ヲ爲シ其ノ理由ヲ附シ之ヲ申立人ニ交付スヘシ

異議ノ申立アルモ處分ノ執行ハ之ヲ停止セス但シ行政廳ハ其ノ職權ニ依リ又ハ關係者ノ請求ニ依リ必要ト認ムルトキハ之ヲ停止スルコトヲ得

第百四十條ノ二 異議ノ決定ハ本法中別ニ期間ヲ定メタルモノヲ除クノ外其ノ決定ニ付セラレタル日ヨリ三月以內ニ之ヲ爲スヘシ

府縣參事會訴願ヲ受理シタルトキハ其ノ日ヨリ三月以內ニ之ヲ裁決スヘシ

第百四十一條 監督官廳ハ町村ノ監督上必要アル場合ニ於テハ事務ノ報告ヲ爲サシメ、書類帳簿ヲ徵シ及實地ニ就キ事務ヲ視察シ又ハ出納ヲ檢閱スルコトヲ得

監督官廳ハ町村ノ監督上必要ナル命令ヲ發シ又ハ處分ヲ爲スコトヲ得

上級監督官廳ハ下級監督官廳ノ町村ノ監督ニ關シテ爲シタル命令又ハ處分ヲ停止シ又ハ取消スコトヲ得

第百四十二條 內務大臣ハ町村會ノ解散ヲ命スルコトヲ得

町村會解散ノ場合ニ於テハ三月以內ニ議員ヲ選擧スヘシ

第百四十三條 町村ニ於テ法令ニ依リ負擔シ又ハ當該官廳ノ職權ニ依リ命スル費用ヲ豫算ニ載セサルトキハ府縣知事ハ理由ヲ示シテ其ノ費用ヲ豫算ニ加フルコトヲ得

町村長其ノ他ノ吏員其ノ執行スヘキ事件

ヲ執行セサルトキハ府縣知事又ハ其ノ委任ヲ受ケタル官吏吏員之ヲ執行スルコトヲ得但シ其ノ費用ハ町村ノ負擔トス
前二項ノ處分ニ不服アル町村又ハ町村長其ノ他ノ吏員ハ行政裁判所ニ出訴スルコトヲ得

第百四十四條 町村長、助役、收入役又ハ副收入役ニ故障アルトキハ監督官廳ハ臨時代理者ヲ選任シ又ハ官吏ヲ派遣シ其ノ職務ヲ管掌セシムルコトヲ得但シ官吏ヲ派遣シタル場合ニ於テハ其ノ旅費ハ町村費ヲ以テ辨償セシムヘシ
臨時代理者ハ有給ノ町村吏員トシ其ノ給料額旅費額等ハ監督官廳之ヲ定ム

第百四十五條 削除(**同上**)

第百四十六條 削除(**同上**)

第百四十七條 左ニ掲クル事件ハ府縣知事ノ許可ヲ受クヘシ但シ第一號、第四號、第六號及第十一號ニ掲クル事件ニシテ勅令ヲ以テ指定スルモノハ其ノ定ムル所ニ依リ主務大臣ノ許可ヲ受クヘシ(**同上**)

一 町村條例ヲ設ケ又ハ改廢スルコト
二 基本財産及特別基本財産並ニ林野ノ處分ニ關スルコト
三 第九十條ノ規定ニ依リ舊慣ヲ變更シ又ハ廢止スルコト
四 使用料ヲ新設シ又ハ變更スルコト
五 均一ノ税率ニ依ラスシテ國税又ハ府縣税ノ附加税ヲ賦課スルコト
六 特別税ヲ新設シ又ハ變更スルコト
七 第百二條第一項第二項及第四項ノ規定ニ依リ數人又ハ町村ノ一部ニ費用ヲ負擔セシムルコト
八 第百四條ノ規定ニ依リ不均一ノ賦課

ヲ爲シ又ハ數人若ハ町村ノ一部ニ對シ賦課ヲ爲スコト

九　第百五條ノ準率ニ依ラスシテ夫役現品ヲ賦課スルコト但シ急迫ノ場合ニ賦課スル夫役ニ付テハ此ノ限ニ在ラス

十　繼續費ヲ定メ又ハ變更スルコト

十一　町村債ヲ起シ並ニ起債ノ方法利息ノ定率及償還ノ方法ヲ定メ又ハ之ヲ變更スルコト但シ第百十二條第三項ノ借入金ハ此ノ限ニ在ラス

第百四十八條　監督官廳ノ許可ヲ要スル事件ニ付テハ監督官廳ハ許可申請ノ趣旨ニ反セスト認ムル範圍內ニ於テ更正シテ許可ヲ與フルコトヲ得

第百四十九條　監督官廳ノ許可ヲ要スル事件ニ付テハ勅令ノ定ムル所ニ依リ其ノ許可ノ職權ヲ下級監督官廳ニ委任シ又ハ輕易ナル事件ニ限リ許可ヲ受ケシメサルコトヲ得

第百五十條　府縣知事ハ町村長、助役、收入役、副收入役、區長、區長代理者、委員其ノ他ノ町村吏員ニ對シ懲戒ヲ行フコトヲ得其ノ懲戒處分ハ譴責、二十五圓以下ノ過怠金及解職トス但シ町村長、助役、收入役及副收入役ニ對スル解職ハ懲戒審査會ノ議決ヲ經テ府縣知事之ヲ行フ

懲戒審査會ハ內務大臣ノ命シタル府縣高等官三人及府縣名譽職參事會員ニ於テ互選シタル者三人ヲ以テ其ノ會員トシ府縣知事ヲ以テ會長トス知事故障アルトキ其ノ代理者會長ノ職務ヲ行フ

府縣名譽職參事會員ノ互選スヘキ會員ノ選擧補闕及任期並懲戒審査會ノ招集及會議ニ付テハ府縣制中名譽職參事會員及府

縣參事會ニ關スル規定ヲ準用ス但シ補充員ハ之ヲ設クルノ限ニ在ラス

解職ノ處分ヲ受ケタル者其ノ處分ニ不服アルトキハ內務大臣ニ訴願スルコトヲ得

府縣知事ハ町村長、助役、收入役及副收入役ノ解職ヲ行ハムトスル前其ノ停職ヲ命スルコトヲ得此ノ場合ニ於テハ其ノ停職期間報酬又ハ給料ヲ支給スルコトヲ得ス

懲戒ニ依リ解職セラレタル者ハ二年間北海道府縣市町村其ノ他之ニ準スヘキモノノ公職ニ就クコトヲ得ス(同上)

第百五十一條　町村吏員ノ服務紀律賠償責任身元保證及事務引繼ニ關スル規定ハ命令ヲ以テ之ヲ定ム

前項ノ命令ニハ事務引繼ヲ拒ミタル者ニ對シ二十五圓以下ノ過料ヲ科スル規定ヲ設クルコトヲ得

第九章　雜則

第百五十二條　削除

第百五十三條　府縣知事又ハ府縣參事會ノ職權ニ關スル事件ニシテ數府縣ニ涉ルモノアルトキハ內務大臣ハ關係府縣知事ノ具狀ニ依リ其ノ事件ヲ管理スヘキ府縣知事又ハ府縣參事會ヲ指定スヘシ

第百五十三條ノ二　削除

第百五十四條　第十一條ノ人口ハ內務大臣ノ定ムル所ニ依ル

第百五十五條　本法ニ於ケル直接稅及間接稅ノ種類ハ內務大臣及大藏大臣之ヲ定ム

第百五十六條　町村又ハ町村組合ノ廢置分合又ハ境界變更アリタル場合ニ於テ町村

ノ事務ニ付必要ナル事項ハ本法ニ規定スルモノノ外勅令ヲ以テ之ヲ定ム

第百五十六條ノ二　本法中官吏ニ關スル規定ハ待遇官吏ニ之ヲ適用ス

第百五十七條　本法ハ北海道其ノ他勅令ヲ以テ指定スル島嶼ニ之ヲ施行セス

前項ノ地域ニ付テハ勅令ヲ以テ別ニ本法ニ代ハルヘキ制ヲ定ムルコトヲ得

附　則

第百五十八條　本法施行ノ期日ハ勅令ヲ以テ之ヲ定ム（明治四十四年勅令第二百三十八號ヲ以テ同年十月一日ヨリ施行ス）

第百五十九條　本法施行ノ際現ニ町村會議員區會議員又ハ全部事務ノ爲ニ設クル町村組合會議員ノ職ニ在ル者ハ從前ノ規定ニ依ル最近ノ定期改選期ニ於テ總テ其ノ職ヲ失フ

第百六十條　舊刑法ノ重罪ノ刑ニ處セラレタル者ハ本法ノ適用ニ付テハ六年ノ懲役又ハ禁錮以上ノ刑ニ處セラレタル者ト看做ス但シ復權ヲ得タル者ハ此ノ限ニ在ラス

舊刑法ノ禁錮以上ノ刑ハ本法ノ適用ニ付テハ禁錮以上ノ刑ト看做ス

第百六十一條　本法施行ノ際必要ナル規定ハ命令ヲ以テ之ヲ定ム

大正十年法律第五十九號附則

本法中公民權及選擧ニ關スル規定ハ次ノ總選擧ヨリ之ヲ施行シ其ノ他ノ規定ノ施行ノ期日ハ勅令ヲ以テ之ヲ定ム（大正十年勅令第百八十九號ヲ以テ公民權及選擧ニ關スル規定ヲ除クノ外大正十年五月二十日ヨリ施行ス）

大正十五年法律第七十五號附則

本法中公民權及議員選擧ニ關スル規定ハ次ノ總選擧ヨリ之ヲ施行シ其ノ他ノ規定ノ施行ノ期日ハ勅令ヲ以テ之ヲ定ム

第三十八條ノ規定ニ依リ町村會ヲ設ケサル町村ニ付テハ本法ノ施行ノ期日ハ勅令ヲ以テ之ヲ定ム

次ノ總選擧ニ至ル迄ノ間從前ノ第十四條第十七條、第十八條、第三十一條、第三十三條及第三十六條ノ規定ニ依リ難キ事項ニ付テハ勅令ヲ以テ特別ノ規定ヲ設クルコトヲ得

本法ニ依リ初テ議員ヲ選擧スル場合ニ於テ必要ナル選擧人名簿ニ關シ第十八條乃至第十八條ノ五ニ規定スル期日又ハ期間ニ依リ難キトキハ命令ヲ以テ別ニ其ノ期日又ハ期間ヲ定ム但シ其ノ選擧人名簿ハ次ノ選擧人名簿確定迄其ノ效力ヲ有ス

本法施行ノ際大正十四年法律第四十七號衆議院議員選擧法未タ施行セラレサル場合ニ於テハ本法ノ適用ニ付テハ同法ハ既ニ施行セラレタルモノト看做ス

本法施行ノ際必要ナル規定ハ命令ヲ以テ之ヲ定ム

昭和四年法律第五十七號附則

本法中施行ノ期日ハ勅令ヲ以テ之ヲ定ム

本法施行ノ際必要ナル規定ハ命令ヲ以テ之ヲ定ム（改正法昭和四年七月一日ヨリ施行ス）

●衆議院議員選擧法

（大正十四年五月五日法律第四十七號）

正改（大正十五年法律第八二號）

朕樞密顧問ノ諮詢ヲ經テ帝國議會ノ協贊ヲ經タル衆議院議員選擧法改正法律ヲ裁可シ玆ニ之ヲ公布セシム

內閣總理大臣　子爵　加藤高明
遞信大臣　犬養毅
陸軍大臣　宇垣一成
海軍大臣　財部彪
外務大臣　男爵　幣原喜重郎
內務大臣　若槻禮次郎
文部大臣　岡田良平
鐵道大臣　仙石貢
大藏大臣　濱口雄幸
司法大臣　小川平吉
商工大臣　野田卯太郎
農林大臣　岡崎邦輔

衆議院議員選擧法

第一章　選擧ニ關スル區域

第一條　衆議院議員ハ各選擧區ニ於テ之ヲ選擧ス

選擧區及各選擧區ニ於テ選擧スヘキ議員ノ數ハ別表ヲ以テ之ヲ定ム

第二條　投票區ハ市町村ノ區域ニ依ル

地方長官特別ノ事情アリト認ムルトキハ市町村ノ區域ヲ分チテ數投票區ヲ設ケ又ハ數町村ノ區域ト合セテ一投票區ヲ設クルコトヲ得

前項ノ規定ニ依リ投票區ヲ設ケタルトキハ地方長官ハ直ニ之ヲ告示スヘシ

第二項ノ規定ニ依リ設クル投票區ノ投票ニ關シ本法ノ規定ヲ適用シ難キ事項ニ付テハ勅令ヲ以テ特別ノ規定ヲ設クルコトヲ得

第三條　開票區ハ郡市ノ區域ニ依ル

地方長官特別ノ事情アリト認ムルトキハ郡市ノ區域ヲ分チテ數開票區ヲ設クルコトヲ得

前項ノ規定ニ依リ開票區ヲ設ケタルトキハ地方長官ハ直ニ之ヲ告示スヘシ

第二項ノ規定ニ依リ設クル開票區ノ開票ニ關シ本法ノ規定ヲ適用シ難キ事項ニ付テハ勅令ヲ以テ特別ノ規定ヲ設クルコトヲ得

第四條　行政區畫ノ變更ニ因リ選擧區ニ異動ヲ生スルモ現任議員ハ其ノ職ヲ失フコトナシ

第二章　選擧權及被選擧權

第五條　帝國臣民タル男子ニシテ年齡二十五年以上ノ者ハ選擧權ヲ有ス

帝國臣民タル男子ニシテ年齡三十年以上ノ者ハ被選擧權ヲ有ス

第六條　左ニ掲クル者ハ選擧權及被選擧權ヲ有セス

一　禁治產者及準禁治產者

二　破產者ニシテ復權ヲ得サル者

三　貧困ニ因リ生活ノ爲公私ノ救助ヲ受ケ又ハ扶助ヲ受クル者

四　一定ノ住居ヲ有セサル者

五　六年ノ懲役又ハ禁錮以上ノ刑ニ處セラレタル者

六　刑法第二編第一章、第三章、第九章、第十六章乃至第二十一章、第二十五章又ハ第三十六章乃至第三十九章ニ掲ク

ル罪ヲ犯シ六年未滿ノ懲役ノ刑ニ處セラレ其ノ執行ヲ終リ又ハ執行ヲ受クルコトナキニ至リタル後其ノ刑期ノ二倍ニ相當スル期間ヲ經過スルニ至ル迄ノ者但シ其ノ期間五年ヨリ短キトキハ五年トス

七　六年未滿ノ禁錮ノ刑ニ處セラレ又ハ前號ニ掲クル罪以外ノ罪ヲ犯シ六年未滿ノ懲役ノ刑ニ處セラレ其ノ執行ヲ終リ又ハ執行ヲ受クルコトナキニ至ル迄ノ者

第七條　華族ノ戸主ハ選擧權及被選擧權ヲ有セス

陸海軍軍人ニシテ現役中ノ者（未タ入營セサル者及歸休下士官兵ヲ除ク）及戰時若ハ事變ニ際シ召集中ノ者ハ選擧權及被選擧權ヲ有セス兵籍ニ編入セラレタル學生生徒（勅令ヲ以テ定ムル者ヲ除ク）及志願ニ依リ國民軍ニ編入セラレタル者亦同シ

第八條　選擧事務ニ關係アル官吏及吏員ハ其ノ關係區域内ニ於テ被選擧權ヲ有セス

第九條　在職ノ宮内官、判事、朝鮮總督府判事、臺灣總督府法院判官、關東廳法院判官、南洋廳判事、檢事、朝鮮總督府檢事、臺灣總督府法院檢察官、關東廳法院檢察官、南洋廳檢事、陸軍法務官、海軍法務官、行政裁判所長官、行政裁判所評定官、會計檢査官、收稅官吏及警察官吏ハ被選擧權ヲ有セス

第十條　官吏及待遇官吏ハ左ニ掲クル者ヲ除クノ外在職中議員ト相兼ヌルコトヲ得ス

一　國務大臣
二　內閣書記官長
三　法制局長官
四　各省政務次官
五　各省參與官
六　內閣總理大臣秘書官
七　各省秘書官

第十一條　北海道會議員及府縣會議員ハ衆議院議員ト相兼ヌルコトヲ得ス

第三章　選擧人名簿

第十二條　市町村長ハ毎年九月十五日ノ現在ニ依リ其ノ日迄引續キ一年以上其ノ市町村內ニ住居ヲ有スル者ノ選擧資格ヲ調査シ十月三十一日迄ニ選擧人名簿ヲ調製スヘシ

前項ノ住居ニ關スル要件ヲ具備セサル選擧人ハ選擧人名簿ニ登錄セラルルコトヲ得ス

選擧人名簿ニハ選擧人ノ氏名、住居及生年月日等ヲ記載スヘシ

第一項ノ住居ニ關スル期間ハ行政區畫變更ノ爲中斷セラルルコトナシ（**大正十五年法律第八二號本條改正**）

第十三條　市町村長ハ十一月五日ヨリ十五日間市役所、町村役場又ハ其ノ指定シタル場所ニ於テ選擧人名簿ヲ縱覽ニ供スヘシ

市町村長ハ縱覽開始ノ日ヨリ少クトモ三日前ニ縱覽ノ場所ヲ告示スヘシ（**同上**）

第十四條　選擧人名簿ニ脫漏又ハ誤載アリト認ムルトキハ選擧人ハ理由書及證憑ヲ具ヘ其ノ修正ヲ市町村長ニ申立ツルコトヲ得（**同上**）

縱覽期限ヲ經過シタルトキハ前項ノ申立

ヲ爲スコトヲ得ス

第十五條　市町村長ニ於テ前條ノ申立ヲ受ケタルトキハ其ノ理由及證憑ヲ審査シ申立ヲ受ケタル日ヨリ二十日以内ニ之ヲ決定スヘシ其ノ申立ヲ正當ナリト決定シタルトキハ直ニ選擧人名簿ヲ修正シ其ノ旨ヲ申立人及關係人ニ通知シ併セテ之ヲ告示スヘシ其ノ申立ヲ正當ナラスト決定シタルトキハ其ノ旨ヲ申立人ニ通知スヘシ（同上）

第十六條　前條市町村長ノ決定ニ不服アル申立人又ハ關係人ハ市町村長ヲ被告トシ決定ノ通知ヲ受ケタル日ヨリ七日以内ニ地方裁判所ニ出訴スルコトヲ得（同上）

前項裁判所ノ判決ニ對シテハ控訴スルコトヲ得ス但シ大審院ニ上告スルコトヲ得

第十七條　選擧人名簿ハ十二月二十日ヲ以テ確定ス

選擧人名簿ハ次年ノ十二月十九日迄之ヲ据置クヘシ但シ確定判決ニ依リ修正スヘキモノハ市町村長ニ於テ直ニ之ヲ修正シ其ノ旨ヲ告示スヘシ（同上）

天災事變其ノ他ノ事故ニ因リ必要アルトキハ更ニ選擧人名簿ヲ調製スヘシ

前項選擧人名簿ノ調製及其ノ期日縱覽確定ニ關スル期日、期間等ハ命令ノ定ムル所ニ依ル

第四章　選擧、投票及投票所

第十八條　總選擧ハ議員ノ任期終リタル日ノ翌日之ヲ行フヲ例トス但シ特別ノ事情アル場合ニ於テハ議員ノ任期終リタル日ヨリ五日以内ニ之ヲ行フコトヲ妨ケス

議會開會中又ハ議會閉會ノ日ヨリ二十五

日以內ニ議員ノ任期終ル場合ニ於テハ總選擧ハ議會閉會ノ日ヨリ二十六日以後三十日以內ニ之ヲ行フ

衆議院解散ヲ命セラレタル場合ニ於テハ總選擧ハ解散ノ日ヨリ三十日以內ニ之ヲ行フ

總選擧ノ期日ハ勅命ヲ以テ之ヲ定メ少クトモ二十五日前ニ之ヲ公布ス

第十九條　選擧ハ投票ニ依リ之ヲ行フ

投票ハ一人一票ニ限ル

第二十條　市町村長ハ投票管理者ト爲リ投票ニ關スル事務ヲ擔任ス

第二十一條　投票所ハ市役所、町村役場又ハ投票管理者ノ指定シタル場所ニ之ヲ設ク

第二十二條　投票管理者ハ選擧ノ期日ヨリ少クトモ五日前ニ投票所ヲ告示スヘシ

第二十三條　投票所ハ午前七時ニ開キ午後六時ニ閉ツ

第二十四條　議員候補者ハ各投票區ニ於ケル選擧人名簿ニ記載セラレタル者ノ中ヨリ本人ノ承諾ヲ得テ投票立會人一人ヲ定メ選擧ノ期日ノ前日迄ニ投票管理者ニ屆出ツルコトヲ得但シ議員候補者死亡シ又ハ議員候補者タルコトヲ辭シタルトキハ其ノ屆出テタル投票立會人ハ其ノ職ヲ失フ

前項ノ規定ニ依ル投票立會人三人ニ達セサルトキ若ハ三人ニ達セサルニ至リタルトキ又ハ投票立會人ニシテ參會スル者投票所ヲ開クヘキ時刻ニ至リ三人ニ達セサルトキ若ハ其ノ後三人ニ達セサルニ至リタルトキハ投票管理者ハ其ノ投票區ニ於ケル選擧人名簿ニ記載セラレタル者ノ中

ヨリ三人ニ達スル迄ノ投票立會人ヲ選任シ直ニ之ヲ本人ニ通知シ投票ニ立會ハシムヘシ

投票立會人ハ正當ノ事故ナクシテ其ノ職ヲ辭スルコトヲ得ス

第二十五條　選擧人ハ選擧ノ當日自ラ投票所ニ到リ選擧人名簿ノ對照ヲ經テ投票ヲ爲スヘシ投票管理者ハ投票ヲ爲サムトスル選擧人ノ本人ナリヤ否ヤヲ確認スルコト能ハサルトキハ其ノ本人ナル旨ヲ宣言セシムヘシ其ノ宣言ヲ爲ササル者ハ投票ヲ爲スコトヲ得ス

第二十六條　投票用紙ハ選擧當日投票所ニ於テ之ヲ選擧人ニ交付スヘシ

第二十七條　選擧人ハ投票所ニ於テ投票用紙ニ自ラ議員候補者一人ノ氏名ヲ記載シテ投函スヘシ

投票用紙ニハ選擧人ノ氏名ヲ記載スルコトヲ得ス

第二十八條　投票ニ關スル記載ニ付テハ勅令ヲ以テ定ムル點字ハ之ヲ文字ト看做ス

第二十九條　選擧人名簿ニ登錄セラレサル者ハ投票ヲ爲スコトヲ得ス但シ選擧人名簿ニ登錄セラルヘキ確定判決書ヲ所持シ選擧ノ當日投票所ニ到ル者アルトキハ投票管理者ハ之ヲシテ投票ヲ爲サシムヘシ

第三十條　選擧人名簿ニ登錄セラレタル者選擧人名簿ニ登錄セラルルコトヲ得サル者ナルトキハ投票ヲ爲スコトヲ得ス選擧ノ當日選擧權ヲ有セサル者ナルトキ亦同シ

自ラ議員候補者ノ氏名ヲ書スルコト能ハ

サル者ハ投票ヲ爲スコトヲ得ス

第三十一條 投票ノ拒否ハ投票立會人ノ意見ヲ聽キ投票管理者之ヲ決定スヘシ

前項ノ決定ヲ受ケタル選擧人不服アルトキハ投票管理者ハ假ニ投票ヲ爲サシムヘシ

前項ノ投票ハ選擧人ヲシテ之ヲ封筒ニ入レ封緘シ表面ニ自ラ其ノ氏名ヲ記載シ投函セシムヘシ

投票立會人ニ於テ異議アル選擧人ニ對シテモ亦前二項ニ同シ

第三十二條 投票所ヲ閉ツヘキ時刻ニ至リタルトキハ投票管理者ハ其ノ旨ヲ告ケテ投票所ノ入口ヲ鎖シ投票所ニ在ル選擧人ノ投票結了スルヲ待チテ投票函ヲ閉鎖スヘシ

投票函閉鎖後ハ投票ヲ爲スコトヲ得ス

第三十三條 選擧人ニシテ勅令ノ定ムル事由ニ因リ選擧ノ當日自ラ投票所ニ到リ投票ヲ爲シ能ハサルヘキコトヲ證スル者ノ投票ニ關シテハ第二十五條、第二十六條第二十七條第一項、第二十九條但書及第三十一條ノ規定ニ拘ラス勅令ヲ以テ特別ノ規定ヲ設クルコトヲ得

第三十四條 投票管理者ハ投票錄ヲ作リ投票ニ關スル顚末ヲ記載シ投票立會人ト共ニ之ニ署名スヘシ

第三十五條 投票管理者ハ一人又ハ數人ノ投票立會人ト共ニ町村ノ投票區ニ於テハ投票ノ翌日迄ニ、市ノ投票區ニ於テハ投票ノ當日投票函、投票錄及選擧人名簿ヲ開票管理者ニ送致スヘシ

第三十六條 島嶼其ノ他交通不便ノ地ニシテ前條ノ期日ニ投票函ヲ送致スルコト能

ハサル情況アリト認ムルトキハ地方長官ハ適宜ニ其ノ投票ノ期日ヲ定メ開票ノ期日迄ニ其ノ投票函、投票錄及選擧人名簿ヲ送致セシムルコトヲ得

第三十七條 天災其ノ他避クヘカラサル事故ニ因リ投票ヲ行フコトヲ得サルトキ又ハ更ニ投票ヲ行フノ必要アルトキハ投票管理者ハ選擧長ヲ經テ地方長官ニ其ノ旨ヲ屆出ツヘシ此ノ場合ニ於テハ地方長官ハ更ニ期日ヲ定メ投票ヲ行ハシムヘシ但シ其ノ期日ハ少クトモ五日前ニ之ヲ告示セシムヘシ

第三十八條 第七十五條又ハ第七十九條ノ選擧ヲ同時ニ行フ場合ニ於テハ一ノ選擧ヲ以テ合併シテ之ヲ行フ

第三十九條 何人ト雖選擧人ノ投票シタル被選擧人ノ氏名ヲ陳述スルノ義務ナシ

第四十條 投票管理者ハ投票所ノ秩序ヲ保持シ必要ナル場合ニ於テハ警察官吏ノ處分ヲ請求スルコトヲ得

第四十一條 選擧人投票所ノ事務ニ從事スル者、投票所ヲ監視スル職權ヲ有スル者及警察官吏ニ非サレハ投票所ニ入ルコトヲ得ス

第四十二條 投票所ニ於テ演說討論ヲ爲シ若ハ喧騷ニ涉リ又ハ投票ニ關シ協議若ハ勸誘ヲ爲シ其ノ他投票所ノ秩序ヲ紊ル者アルトキハ投票管理者ハ之ヲ制止シ命ニ從ハサルトキハ投票所外ニ退出セシムヘシ

第四十三條 前條ノ規定ニ依リ投票所外ニ退出セシメラレタル者ハ最後ニ至リ投票ヲ爲スコトヲ得但シ投票管理者ハ投票所ノ秩序ヲ紊ルノ虞ナシト認ムル場合ニ於

テ投票ヲ爲サシムルコトヲ妨ケス

第五章　開票及開票所

第四十四條　支廳長、市長又ハ地方長官ノ指定シタル官吏ハ開票管理者ト爲リ開票ニ關スル事務ヲ擔任ス（大正十五年法律第八二號本條改正）

第四十五條　開票所ハ支廳、市役所又ハ開票管理者ノ指定シタル場所ニ之ヲ設ク（同上）

第四十六條　開票管理者ハ豫メ開票ノ場所及日時ヲ告示スヘシ

第四十七條　第二十四條ノ規定ハ開票立會人ニ之ヲ準用ス

第四十八條　開票管理者ハ總テノ投票函ノ送致ヲ受ケタル日ノ翌日開票所ニ於テ開票立會人立會ノ上投票函ヲ開キ投票ノ總數ト投票人ノ總數トヲ計算スヘシ

第四十九條　前條ノ計算終リタルトキハ開票管理者ハ先ツ第三十一條第二項及第四項ノ投票ヲ調査シ開票立會人ノ意見ヲ聽キ其ノ受理如何ヲ決定スヘシ

開票管理者ハ開票立會人ト共ニ投票區毎ニ投票ヲ點檢スヘシ

投票ノ點檢終リタルトキハ開票管理者ハ直ニ其ノ結果ヲ選擧長ニ報告スヘシ

第五十條　選擧人ハ其ノ開票所ニ就キ開票ノ參觀ヲ求ムルコトヲ得

第五十一條　投票ノ效力ハ開票立會人ノ意見ヲ聽キ開票管理者之ヲ決定スヘシ

第五十二條　左ノ投票ハ之ヲ無效トス

一　成規ノ用紙ヲ用ヒサルモノ
二　議員候補者ニ非サル者ノ氏名ヲ記載シタルモノ
三　一投票中二人以上ノ議員候補者ノ氏

名ヲ記載シタルモノ

四　被選擧權ナキ議員候補者ノ氏名ヲ記載シタルモノ

五　議員候補者ノ氏名ノ外他事ヲ記載シタルモノ但シ官位、職業、身分、住居又ハ敬稱ノ類ヲ記入シタルモノハ此ノ限ニ在ラス

六　議員候補者ノ氏名ヲ自書セサルモノ

七　議員候補者ノ何人ヲ記載シタルカヲ確認シ難キモノ

八　衆議院議員ノ職ニ在ル者ノ氏名ヲ記載シタルモノ

前項第八號ノ規定ハ第七十五條又ハ第七十九條ノ規定ニ依ル選擧ノ場合ニ限リ之ヲ適用ス

第五十三條　投票ハ有效無效ヲ區別シ議員ノ任期間開票管理者ニ於テ之ヲ保存スヘシ但シ第四十四條ノ規定ニ依リ地方長官ノ指定シタル官吏開票管理者タル場合ニ於テハ地方長官ニ於テ之ヲ保存スヘシ

（同上）

第五十四條　開票管理者ハ開票錄ヲ作リ開票ニ關スル顚末ヲ記載シ開票立會人ト共ニ署名シ投票錄ト倂セテ議員ノ任期間之ヲ保存スヘシ但シ前條但書ノ規定ハ開票錄及投票錄ノ保存ニ之ヲ準用ス（同上）

第五十五條　選擧ノ一部無效ト爲リ更ニ選擧ヲ行ヒタル場合ノ開票ニ於テハ其ノ投票ノ效力ヲ決定スヘシ

第五十六條　第三十七條ノ規定ハ但書ヲ除キ開票ニ之ヲ準用ス

第五十七條　開票所ノ取締ニ付テハ第四十條乃至第四十二條ノ規定ヲ準用ス

第六章　選擧會

第五十八條　左ニ揭クル者ヲ以テ選擧長トス（同上）

一　一縣又ハ一市一選擧區タル場合ニ於テハ其地方長官又ハ市長

二　一選擧區數市又ハ支廳關內及市ニ涉ル場合ニ於テハ關係支廳長又ハ市長ノ中ニ就キ地方長官ノ指定スル者

三　其ノ他ノ選擧區ニ於テハ官吏又ハ關係市長ノ中ニ就キ地方長官ノ指定スル者

選擧長ハ選擧會ニ關スル事務ヲ擔任ス

第五十九條　選擧會ハ選擧長ノ屬スル縣廳支廳若ハ市役所又ハ選擧長ノ指定シタル場所ニ之ヲ開ク（同上）

第六十條　選擧長ハ豫メ選擧會ノ場所及日時ヲ告示スヘシ

第六十一條　第二十四條ノ規定ハ選擧立會人ニ之ヲ準用ス

第六十二條　選擧長ハ總テノ開票管理者ヨリ第四十九條第三項ノ報告ヲ受ケタル日又ハ其ノ翌日選擧會ヲ開キ選擧立會人立會ノ上其ノ報告ヲ調査スヘシ

選擧ノ一部無效ト爲リ更ニ選擧ヲ行ヒタル場合ニ於テ第四十九條第三項ノ報告ヲ受ケタルトキハ選擧長ハ前項ノ例ニ依リ選擧會ヲ開キ他ノ部分ノ報告ト共ニ更ニ之ヲ調査スヘシ

第六十三條　選擧人ハ其ノ選擧會ノ參觀ヲ求ムルコトヲ得

第六十四條　選擧長ハ選擧錄ヲ作リ選擧會ニ關スル顚末ヲ記載シ選擧立會人ト共ニ署名シ第四十九條第三項ノ報告ニ關スル書類ト倂セテ議員ノ任期間之ヲ保存スヘ

シ但シ第五十八條第一項第三號ノ規定ニ依リ地方長官ノ指定シタル官吏(支廳長ヲ除ク)選擧長タル場合ニ於テハ地方長官ニ於テ選擧錄及第四十九條第三項ノ報告ニ關スル書類ヲ保存スヘシ(同上)

第六十五條 第三十七條ノ規定ハ但書ヲ除キ選擧會ニ之ヲ準用ス

第六十六條 選擧會場ノ取締ニ付テハ第四十條乃至第四十二條ノ規定ヲ準用ス

第七章 議員候補者及當選人

第六十七條 議員候補者タラムトスル者ハ選擧ノ期日ノ公布又ハ告示アリタル日ヨリ選擧ノ期日前七日迄ニ其ノ旨ヲ選擧長ニ屆出ツヘシ

選擧人名簿ニ記載セラレタル者他人ヲ議員候補者ト爲サムトスルトキハ前項ノ期間內ニ其ノ推薦ノ屆出ヲ爲スコトヲ得

前二項ノ期間內ニ屆出アリタル議員候補者其ノ選擧ニ於ケル議員ノ定數ヲ超エル場合ニ於テ其ノ期間ヲ經過シタル後議員候補者死亡シ又ハ議員候補者タルコトヲ辭シタルトキハ前二項ノ例ニ依リ選擧ノ期日ノ前日迄議員候補者ノ屆出又ハ推薦屆出ヲ爲スコトヲ得

議員候補者ハ選擧長ニ屆出ヲ爲スニ非サレハ議員候補者タルコトヲ辭スルコトヲ得ス

前四項ノ屆出アリタルトキ又ハ議員候補者ノ死亡シタルコトヲ知リタルトキハ選擧長ハ直ニ其ノ旨ヲ告示スヘシ

第六十八條 議員候補者ノ屆出又ハ推薦屆出ヲ爲サムトスル者ハ議員候補者一人ニ付二千圓又ハ之ニ相當スル額面ノ國債證書ヲ供託スルコトヲ要ス

議員候補者ノ得票數其ノ選擧區內ノ議員定數ヲ以テ有效投票ノ總數ヲ除シテ得タル數ノ十分ノ一ニ達セサルトキハ前項ノ供託物ハ政府ニ歸屬ス

議員候補者選擧ノ期日前十日以內ニ議員候補者タルコトヲ辭シタルトキハ前項ノ規定ヲ準用ス但シ被選擧權ヲ有セサルニ至リタル爲議員候補者タルコトヲ辭シタルトキハ此ノ限ニ在ラス

第六十九條 有效投票ノ最多數ヲ得タル者ヲ以テ當選人トス但シ其ノ選擧區內ノ議員ノ定數ヲ以テ有效投票ノ總數ヲ除シテ得タル數ノ四分ノ一以上ノ得票アルコトヲ要ス

當選人ヲ定ムルニ當リ得票數同シキトキハ年齡多キ者ヲ取リ年齡モ亦同シキトキハ選擧會ニ於テ選擧長抽籤シテ之ヲ定ム

第八十一條又ハ第八十三條ノ規定ニ依ル訴訟ノ結果更ニ選擧ヲ行フコトナクシテ當選人ヲ定メ得ル場合ニ於テハ選擧會ヲ開キ之ヲ定ムヘシ

當選人當選ヲ辭シタルトキ、死亡者ナルトキ又ハ第七十條ノ規定ニ依リ當選ヲ失ヒタルトキハ直ニ選擧會ヲ開キ第一項但書ノ得票者ニシテ當選人ト爲ラサリシ者ノ中ニ就キ當選人ヲ定ムヘシ

當選人第八十四條ノ規定ニ依ル訴訟ノ結果又ハ第百三十六條ノ規定ニ依リ當選無效ト爲リタルトキハ選擧會ヲ開キ其ノ第七十四條ノ規定ニ依ル當選承諾屆出期限前ナル場合ニ於テハ前項ノ例ニ依リ其ノ屆出期限經過後ナル場合ニ於テハ第二項ノ規定ノ適用ヲ受ケタル得票者ニシテ當選人ト爲ラサリシ者ノ中ニ就キ當選人ヲ

定ムヘシ
前三項ノ場合ニ於テ第一項但書ノ得票者ニシテ當選人ト爲ラサリシ者選擧ノ期日後ニ於テ被選擧權ヲ有セサルニ至リタルトキハ之ヲ當選人ト定ムルコトヲ得ス
第七十條 當選人選擧ノ期日後ニ於テ被選擧權ヲ有セサルニ至リタルトキハ當選ヲ失フ
第七十一條 第六十七條第一項乃至第三項ノ規定ニ依ル届出アリタル議員候補者其ノ選擧ニ於ケル議員ノ定數ヲ超エサルトキハ其ノ選擧區ニ於テハ投票ヲ行ハス
前項ノ規定ニ依リ投票ヲ行フコトヲ要セサルトキハ選擧長ハ直ニ其ノ旨ヲ投票管理者ニ通知シ併セテ之ヲ告示シ且地方長官ニ報告スヘシ
投票管理者前項ノ通知ヲ受ケタルトキハ直ニ其ノ旨ヲ告示スヘシ
第一項ノ場合ニ於テハ選擧長ハ選擧ノ期日ヨリ五日以内ニ選擧會ヲ開キ議員候補者ヲ以テ當選人ト定ムヘシ
前項ノ場合ニ於テ議員候補者ノ被選擧權ノ有無ハ選擧立會人ノ意見ヲ聽キ選擧長之ヲ決定スヘシ
第七十二條 當選人定マリタルトキハ選擧長ハ直ニ當選人ニ當選ノ旨ヲ告知シ同時ニ當選人ノ氏名ヲ告示シ且當選人ノ氏名得票數及其ノ選擧ニ於ケル有效投票ノ總數其ノ他選擧ノ顚末ヲ地方長官ニ報告スヘシ
當選人ナキトキ又ハ當選人其ノ選擧ニ於ケル議員ノ定數ニ達セサルトキハ選擧長ハ直ニ其ノ旨ヲ告示シ且之ヲ地方長官ニ報告スヘシ

第七十三條　當選人當選ノ告知ヲ受ケタルトキハ其ノ當選ヲ承諾スルヤ否ヤヲ選擧長ニ屆出ツヘシ

一人ニシテ數選擧區ノ當選ヲ承諾スルコトヲ得ス

選擧長第一項ノ規定ニ依ル屆出ヲ受ケタルトキハ直ニ其ノ旨ヲ地方長官ニ報告スヘシ

第七十四條　當選人當選ノ告知ヲ受ケタル日ヨリ二十日以內ニ當選承諾ノ屆出ヲ爲ササルトキハ其ノ當選ヲ辭シタルモノト看做ス

第七十五條　左ニ掲クル事由ノ一ニ該當スル場合ニ於テハ更ニ選擧ヲ行フコトナクシテ當選人ヲ定メ得ルトキヲ除クノ外地方長官ハ選擧ノ期日ヲ定メ少クトモ十四日前ニ之ヲ告示シ更ニ選擧ヲ行ハシムヘシ但シ同一人ニ關シ左ニ掲クル其ノ他ノ事由ニ依リ又ハ第七十九條第六項ノ規定ニ依リ選擧ノ期日ヲ告示シタルトキハ此ノ限ニ在ラス

一　當選人ナキトキ又ハ當選人其ノ選擧ニ於ケル議員ノ定數ニ達セサルトキ

二　當選人當選ヲ辭シタルトキ又ハ死亡者ナルトキ

三　當選人第七十條ノ規定ニ依リ當選ヲ失ヒタルトキ

四　第八十一條又ハ第八十三條ノ規定ニ依ル訴訟ノ結果當選人ナキニ至リ又ハ當選人其ノ選擧ニ於ケル議員ノ定數ニ達セサルニ至リタルトキ

五　當選人第八十四條ノ規定ニ依ル訴訟ノ結果當選無效ト爲リタルトキ

六　當選人第百三十六條ノ規定ニ依リ當

選無效ト爲リタルトキ

第九章ノ規定ニ依ル訴訟ノ出訴期間ハ前項ノ規定ニ依ル選擧ヲ行フコトヲ得ス其ノ出訴アリタル場合ニ於テ訴訟繫屬中亦同シ

第一項ノ選擧ノ期日ハ第九章ノ規定ニ依ル訴訟ノ出訴期間滿了ノ日、其ノ出訴アリタル場合ニ於テハ地方長官第八十六條第一項ノ規定ニ依リ訴訟繫屬セサルニ至リタル旨ノ大審院長ノ通知ヲ受ケタル日又ハ第百四十三條ノ規定ニ依ル通知ヲ受ケタル日ヨリ二十日ヲ超ユルコトヲ得ス

第一項各號ノ一ニ該當スル事由議員ノ任期ノ終ル前六月以內ニ生シタルトキハ第一項ノ選擧ハ之ヲ行ハス

第七十六條　當選人當選ヲ承諾シタルトキハ地方長官ハ直ニ當選證書ヲ付與シ其ノ氏名ヲ告示シ且之ヲ內務大臣ニ報告スヘシ

第七十七條　第九章ノ規定ニ依ル訴訟ノ結果選擧若ハ當選無效ト爲リタルトキ又ハ當選人第百三十六條ニ依リ當選無效ト爲リタルトキハ地方長官ハ直ニ其ノ旨ヲ告示スヘシ

第八章　議員ノ任期及補闕

第七十八條　議員ノ任期ハ四年トシ總選擧ノ期日ヨリ之ヲ起算ス但シ議會開會中ニ任期ヲ終ルモ閉會ニ至ル迄在任ス

第七十九條　議員ニ闕員ヲ生スルモ其ノ闕員ノ數同一選擧區ニ於テ二人ニ達スル迄ハ補闕選擧ハ之ヲ行ハス

議員ニ闕員ヲ生シタルトキハ內務大臣ハ議院法第八十四條ノ規定ニ依ル衆議院議長ノ通牒ヲ受ケタル日ヨリ五日以內ニ地

方長官ニ對シ其ノ旨ヲ通知スヘシ
地方長官ハ前項ノ規定ニ依ル通知ヲ受ケタルトキハ其ノ闕員ト爲リタル議員カ第七十四條ノ規定ニ依ル當選承諾屆出ノ期限前ニ於テ闕員ト爲リタル者ナル場合ニ於テ第六十九條第一項但書ノ得票者ニシテ當選人ト爲ラサリシ者アルトキ又ハ其ノ期限經過後ニ於テ闕員ト爲リタル者ナル場合ニ於テ第六十九條第二項ノ規定ノ適用ヲ受ケタル得票者ニシテ當選人ト爲ラサリシ者アルトキハ直ニ議員闕員ト爲リタル旨ヲ選擧長ニ通知スヘシ
選擧長ハ前項ノ規定ニ依ル通知ヲ受ケタル日ヨリ二十日以内ニ第六十九條第四項乃至第六項ノ規定ヲ準用シ當選人ヲ定ムヘシ
地方長官ハ第二項ノ規定ニ依ル通知ヲ受ケタル場合ニ於テ第三項ノ規定ノ適用アルトキ及同一人ニ關シ第七十五條ノ規定ニ依リ選擧ノ期日ヲ告示シタルトキヲ除クノ外其ノ闕員ノ數同一選擧區ニ於テ二人ニ達スルヲ待チ最後ニ第二項ノ規定ニ依ル通知ヲ受ケタル日ヨリ二十日以内ニ補闕選擧ヲ行ハシムヘシ
補闕選擧ノ期日ハ地方長官少クトモ十四日前ニ之ヲ告示スヘシ
第七十五條第二項乃至第四項ノ規定ハ補闕選擧ニ之ヲ準用ス

第八十條　補闕議員ハ其ノ前任者ノ殘任期間存在ス

第九章　訴訟

第八十一條　選擧ノ效力ニ關シ異議アル選擧人又ハ議員候補者ハ選擧長ヲ被告トシ選擧ノ日ヨリ三十日以内ニ大審院ニ出訴

スルコトヲ得

第八十二條　選擧ノ規定ニ違反スルコトアルトキハ選擧ノ結果ニ異動ヲ及ホスノ虞アル場合ニ限リ裁判所ハ其ノ選擧ノ全部又ハ一部ノ無效ヲ判決スヘシ

第八十三條ノ規定ニ依ル訴訟ニ於テモ其ノ選擧前項ノ場合ニ該當スルトキハ裁判所ハ其ノ全部又ハ一部ノ無效ヲ判決スヘシ

第八十三條　當選ヲ失ヒタル者當選ノ效力ニ關シ異議アルトキハ當選人ヲ被告トシ第七十二條第一項及第二項ノ告示ノ日ヨリ三十日以内ニ大審院ニ出訴スルコトヲ得但シ第六十九條第一項但書ニ定メタル得票ニ達シタルノ理由、第六十九條第六項若ハ第七十條ノ規定ニ該當セストノ理由又ハ第七十一條第五項ノ決定違法ナリトノ理由ニ依リ出訴スル場合ニ於テハ選擧長ヲ被告トスヘシ

前項ノ規定ニ依ル訴訟ノ裁判確定前當選人死亡シタルトキハ檢事ヲ被告トス

第八十四條　第百十條ノ規定ニ依リ當選ヲ無效ナリト認ムル選擧人又ハ議員候補者ハ當選人ヲ被告トシ第七十二條第一項ノ告示ノ日ヨリ三十日以内ニ大審院ニ出訴スルコトヲ得

第百三十六條ノ規定ニ依リ選擧事務長カ第百十二條又ハ第百十三條ノ罪ヲ犯シ刑ニ處セラレタルニ因リ當選ヲ無效ナリト認ムル選擧人又ハ議員候補者ハ當選人ヲ被告トシ其ノ裁判確定ノ日ヨリ三十日以内ニ大審院ニ出訴スルコトヲ得

第八十五條　裁判所ハ本章ノ規定ニ依ル訴訟ヲ裁判スルニ當リ檢事ヲシテ口頭辯論

ニ立會ハシムヘシ

第八十六條 本章ノ規定ニ依ル訴訟ノ提起アリタルトキハ大審院長ハ其ノ旨ヲ内務大臣及關係地方長官ニ通知スヘシ訴訟ノ繫屬セサルニ至リタルトキ亦同シ

本章ノ規定ニ依ル訴訟ニ付判決アリタルトキハ大審院長ハ其ノ判決書ノ謄本ヲ内務大臣ニ送付スヘシ帝國議會開會中ナルトキハ併セテ之ヲ衆議院議長ニ送付スヘシ

第八十七條 本章ノ規定ニ依ル訴訟ヲ提起セムトスル者ハ保證金トシテ三百圓又ハ之ニ相當スル額面ノ國債證書ヲ供託スルコトヲ要ス

原告敗訴ノ場合ニ於テ裁判確定ノ日ヨリ七日以內ニ裁判費用ヲ完納セサルトキハ保證金ヲ以テ之ヲ充當シ仍足ラサルトキハ之ヲ追徵ス

第十章 選擧運動

第八十八條 議員候補者ハ選擧事務長一人ヲ選任スヘシ但シ議員候補者自ラ選擧事務長ト爲リ又ハ推薦屆出者（推薦屆出者數人アルトキハ其ノ代表者）議員候補者ノ承諾ヲ得テ選擧事務長ヲ選任シ若ハ自ラ選擧事務長ト爲ルコトヲ妨ケス

議員候補者ノ承諾ヲ得スシテ其ノ推薦ノ屆出ヲ爲シタル者ハ前項但書ノ承諾ヲ得ルコトヲ要セス

議員候補者ハ文書ヲ以テ通知スルコトニ依リ選擧事務長ヲ解任スルコトヲ得選擧事務長ヲ選任シタル推薦屆出者ニ於テ議員候補者ノ承諾ヲ得タルトキ亦同シ

選擧事務長ハ文書ヲ以テ議員候補者及選

任者ニ通知スルコトニ依リ辭任スルコトヲ得

選擧事務長ノ選任者（自ラ選擧事務長ト爲リタル者ヲ含ム以下之ニ同シ）ハ直ニ其ノ旨ヲ選擧區內警察官署ノ一ニ屆出ツヘシ

選擧事務長ニ異動アリタルトキハ前項ノ規定ニ依リ屆出ヲ爲シタル者直ニ其ノ屆出ヲ爲シタル警察官署ニ其ノ旨ヲ屆出ツヘシ

第九十五條ノ規定ニ依リ選擧事務長ニ代リテ其ノ職務ヲ行フ者ハ前項ノ例ニ依リ屆出ツヘシ其ノ之ヲ罷メタルトキ亦同シ

第八十九條　選擧事務長ニ非サレハ選擧事務所ヲ設置シ又ハ選擧委員若ハ選擧事務員ヲ選任スルコトヲ得ス

選擧事務長ハ文書ヲ以テ通知スルコトニ依リ選擧委員又ハ選擧事務員ヲ解任スルコトヲ得

選擧委員又ハ選擧事務員ハ文書ヲ以テ選擧事務長ニ通知スルコトニ依リ辭任スルコトヲ得

選擧事務長選擧事務所ヲ設置シ又ハ選擧委員若ハ選擧事務員ヲ選任シタルトキハ直ニ其ノ旨ヲ前條第五項ノ屆出アリタル警察官署ニ屆出ツヘシ選擧事務所又ハ選擧委員若ハ選擧事務員ニ異動アリタルトキ亦同シ

第九十條　選擧事務所ハ議員候補者一人ニ付七箇所ヲ超ユルコトヲ得ス

選擧ノ一部無效ト爲リ更ニ選擧ヲ行フ場合又ハ第三十七條ノ規定ニ依リ投票ヲ行フ場合ニ於テハ選擧事務所ハ前項ニ揭ク

ル數ヲ超エサル範圍内ニ於テ地方長官（東京府ニ在リテハ警視總監）ノ定メタル數ヲ超ユルコトヲ得ス

地方長官（東京府ニ在リテハ警視總監）前項ノ規定ニ依リ選擧事務所ノ數ヲ定メタル場合ニ於テハ選擧ノ期日ノ告示アリタル後直ニ之ヲ告示スヘシ

第九十一條　選擧事務所ハ選擧ノ當日ニ限リ投票所ヲ設ケタル場所ノ入口ヨリ三町以内ノ區域ニ之ヲ置クコトヲ得ス

第九十二條　休憩所其ノ他之ニ類似スル設備ハ選擧運動ノ爲之ヲ設クルコトヲ得ス

第九十三條　選擧委員及選擧事務員ハ議員候補者一人ニ付通シテ五十人ヲ超ユルコトヲ得ス

第九十條第二項及第三項ノ規定ハ選擧委員及選擧事務員ニ關シ之ヲ準用ス

第九十四條　選擧事務長選擧權ヲ有セザル者ナルトキ又ハ第九十九條第二項ノ規定ニ依リ選擧運動ヲ爲スコトヲ得サル者ナルトキハ地方長官（東京府ニ在リテハ警視總監）ハ直ニ其ノ解任又ハ退任ヲ命スヘシ

第八十九條第一項ノ規定ニ違反シテ選擧事務所ノ設置アリト認ムルトキハ地方長官（東京府ニ在リテハ警視總監）ハ直ニ其ノ選擧事務所ノ閉鎖ヲ命スヘシ第九十條第一項又ハ第二項ノ規定ニ依ル定數ヲ超エテ選擧事務所ノ設置アリト認ムルトキハ其ノ超過シタル數ノ選擧事務所ニ付亦同シ

前條ノ規定ニ依ル定數ヲ超エテ選擧委員又ハ選擧事務員ノ選任アリト認ムルトキ

ハ地方長官（東京府ニ在リテハ警視總監）ハ直ニ其ノ超過シタル數ノ選擧委員又ハ選擧事務員ノ解任ヲ命スヘシ選擧委員又ハ選擧事務員選擧權ヲ有セサル者ナルトキ又ハ第九十九條第二項ノ規定ニ依リ選擧運動ヲ爲スコトヲ得サル者ナルトキ其ノ選擧委員又ハ選擧事務員ニ付亦同シ

第九十五條　選擧事務長故障アルトキハ選任者代リテ其ノ職務ヲ行フ

推薦屆出者タル選任者モ亦故障アルトキハ議員候補者ノ承諾ヲ得スシテ其ノ推薦ノ屆出ヲ爲シタル場合ヲ除クノ外議員候補者代リテ其ノ職務ヲ行フ

第九十六條　議員候補者、選擧事務長、選擧委員又ハ選擧事務員ニ非サレハ選擧運動ヲ爲スコトヲ得ス但シ演說又ハ推薦狀ニ依ル選擧運動ハ此ノ限ニ在ラス

第九十七條　選擧事務長、選擧委員又ハ選擧事務員ハ選擧運動ノ爲ニ要スル飮食物船車馬等ノ供給又ハ旅費、休泊料其ノ他ノ實費ノ辨償ヲ受クルコトヲ得演說又ハ推薦狀ニ依リ選擧運動ヲ爲ス者其ノ運動ヲ爲スニ付亦同シ

選擧事務員ハ選擧運動ヲ爲スニ付報酬ヲ受クルコトヲ得

第九十八條　何人ト雖投票ヲ得若ハ得シメ又ハ得シメサルノ目的ヲ以テ戶別訪問ヲ爲スコトヲ得ス

何人ト雖前項ノ目的ヲ以テ連續シテ個々ノ選擧人ニ對シ面接シ又ハ電話ニ依リ選擧運動ヲ爲スコトヲ得ス

第九十九條　選擧權ヲ有セサル者ハ選擧事務長選擧委員又ハ選擧事務員ト爲ルコト

ヲ得ス

選擧事務ニ關係アル官吏及吏員ハ其ノ關係區域内ニ於ケル選擧運動ヲ爲スコトヲ得ス

第百條　内務大臣ハ選擧運動ノ爲頒布シ又ハ掲示スル文書圖畫ニ關シ命令ヲ以テ制限ヲ設クルコトヲ得

第十一章　選擧運動ノ費用

第百一條　立候補準備ノ爲ニ要スル費用ヲ除クノ外選擧運動ノ費用ハ選擧事務長ニ非サレハ之ヲ支出スルコトヲ得ス但シ議員候補者、選擧委員又ハ選擧事務員ハ選擧事務長ノ文書ニ依ル承諾ヲ得テ之ヲ支出スルコトヲ妨ケス

議員候補者、選擧事務長、選擧委員又ハ選擧事務員ニ非サル者ハ選擧運動ノ費用ヲ支出スルコトヲ得ス但シ演説又ハ推薦

狀ニ依ル選擧運動ノ費用ハ此ノ限ニ在ラス

第百二條　選擧運動ノ費用ハ議員候補者一人ニ付左ノ各號ノ額ヲ超ユルコトヲ得ス

一　選擧區内ノ議員ノ定數ヲ以テ選擧人名簿確定ノ日ニ於テ之ニ記載セラレタル者ノ總數ヲ除シテ得タル數ヲ四十錢ニ乘シテ得タル額

二　選擧ノ一部無效ト爲リ更ニ選擧ヲ行フ場合ニ於テハ選擧區内ノ議員ノ定數ヲ以テ選擧人名簿確定ノ日ニ於テ關係區域ノ選擧人名簿ニ記載セラレタル者ノ總數ヲ除シテ得タル數ヲ四十錢ニ乘シテ得タル額

三　第三十七條ノ規定ニ依リ投票ヲ行フ場合ニ於テハ前號ノ規定ニ準シテ算出

シタル額但シ地方長官（東京府ニ在リテハ警視總監）必要アリト認ムルトキハ之ヲ減額スルコトヲ得

地方長官（東京府ニ在リテハ警視總監）ハ選擧ノ期日ノ公布又ハ告示アリタル後直ニ前項ノ規定ニ依ル額ヲ告示スヘシ

第百三條　選擧運動ノ爲財産上ノ義務ヲ負擔シ又ハ建物、船車馬、印刷物、飯食物其ノ他ノ金錢以外ノ財産上ノ利益ヲ使用シ若ハ費消シタル場合ニ於テハ其ノ義務又ハ利益ヲ時價ニ見積リタル金額ヲ以テ選擧運動ノ費用ト看做ス

第百四條　左ノ各號ニ揭クル費用ハ之ヲ選擧運動ノ費用ニ非サルモノト看做ス

一　議員候補者カ乘用スル船車馬等ノ爲ニ要シタル費用

二　選擧ノ期日後ニ於テ選擧運動ノ殘務整理ノ爲ニ要シタル費用

三　選擧委員又ハ選擧事務員ノ支出シタル費用ニシテ議員候補者又ハ選擧事務長ト意思ヲ通シテ支出シタル費用以外ノモノ但シ第百一條第一項ノ規定ノ適用ニ付テハ此ノ限ニ在ラス

四　第六十七條第一項乃至第三項ノ屆出アリタル後議員候補者、選擧事務長、選擧委員又ハ選擧事務員ニ非サル者ノ支出シタル費用ニシテ議員候補者又ハ選擧事務長ト意思ヲ通シテ支出シタル費用以外ノモノ但シ第百一條第二項ノ規定ノ適用ニ付テハ此ノ限ニ在ラス

五　立候補準備ノ爲ニ要シタル費用ニシテ議員候補者若ハ選擧事務長ト爲リタル者ノ支出シタル費用又ハ其ノ者ト意思ヲ通シテ支出シタル費用以外ノモノ

ノ

第百五條　選擧事務長ハ勅令ノ定ムル所ニ依リ帳簿ヲ備ヘ之ニ選擧運動ノ費用ヲ記載スヘシ

第百六條　選擧事務長ハ勅令ノ定ムル所ニ依リ選擧運動ノ費用ヲ精算シ選擧ノ期日ヨリ十四日以內ニ第八十八條第五項ノ屆出アリタル警察官署ヲ經テ之ヲ地方長官（東京府ニ在リテハ警視總監）ニ屆出ツヘシ

地方長官（東京府ニ在リテハ警視總監）ハ前項ノ規定ニ依リ屆出アリタル選擧運動ノ費用ヲ告示スヘシ

第百七條　選擧事務長ハ前條第一項ノ屆出ヲ爲シタル日ヨリ一年間選擧運動ノ費用ニ關スル帳簿及書類ヲ保存スヘシ

前項ノ帳簿及書類ノ種類ハ勅令ヲ以テ之ヲ定ム

第百八條　警察官吏ハ選擧ノ期日後何時ニテモ選擧事務長ニ對シ選擧運動ノ費用ニ關スル帳簿又ハ書類ノ提出ヲ命シ、之ヲ檢査シ又ハ之ニ關スル說明ヲ求ムルコトヲ得

第百九條　選擧事務長辭任シ又ハ解任セラレタル場合ニ於テハ遲滯ナク選擧運動ノ費用ノ計算ヲ爲シ新ニ選擧事務長ト爲リタル者ニ對シ、新ニ選擧事務長ト爲リタル者ナキトキハ第九十五條ノ規定ニ依リ選擧事務長ノ職務ヲ行フ者ニ對シ選擧事務所、選擧委員、選擧事務員其ノ他ニ關スル事務ト共ニ其ノ引繼ヲ爲スヘシ第九十五條ノ規定ニ依リ選擧事務ノ職務ヲ行フ者事務ノ引繼ヲ受ケタル後新ニ選擧事務長定リタルトキ亦同シ

第百十條　議員候補者ノ爲支出セラレタル選擧運動ノ費用カ第百二條第二項ノ規定ニ依リ告示セラレタル額ヲ超エタルトキハ其ノ議員候補者ノ當選ヲ無效トス但シ議員候補者及推薦屆出者カ選擧事務長又ハ之ニ代リテ其ノ職務ヲ行フ者ノ選任及監督ニ付相當ノ注意ヲ爲シ且選擧事務長又ハ之ニ代リテ其ノ職務ヲ行フ者ニ於テ選擧運動ノ費用ノ支出ニ付過失ナカリシトキハ此ノ限ニ在ラス

第十二章　罰則

第百十一條　詐僞ノ方法ヲ以テ選擧人名簿ニ登錄セラレタル者又ハ第二十五條第二項ノ場合ニ於テ虛僞ノ宣言ヲ爲シタル者ハ百圓以下ノ罰金ニ處ス

第百十二條　左ノ各號ニ揭クル行爲ヲ爲シタル者ハ二年以下ノ懲役若ハ禁錮又ハ千圓以下ノ罰金ニ處ス

一　當選ヲ得若ハ得シメ又ハ得シメサル目的ヲ以テ選擧人又ハ選擧運動者ニ對シ金錢、物品其ノ他ノ財産上ノ利益若ハ公私ノ職務ノ供與、其ノ供與ノ申込若ハ約束ヲ爲シ又ハ饗應接待、其ノ申込若ハ約束ヲ爲シタルトキ

二　當選ヲ得若ハ得シメ又ハ得シメサル目的ヲ以テ選擧人又ハ選擧運動者ニ對シ其ノ者又ハ其ノ者ノ關係アル社寺、學校、會社、組合、市町村等ニ對スル用水、小作債權、寄附其ノ他特殊ノ直接利害關係ヲ利用シテ誘導ヲ爲シタルトキ

三　投票ヲ爲シ若ハ爲サヽルコト、選擧運動ヲ爲シ若ハ止メタルコト又ハ其ノ周旋勸誘ヲ爲シタルコトノ報酬ト爲ス

目的ヲ以テ選擧人又ハ選擧運動者ニ對シ第一號ニ揭クル行爲ヲ爲シタルトキ

四　第一號若ハ前號ノ供與、饗應接待ヲ受ケ若ハ要求シ、第一號若ハ前號ノ申込ヲ承諾シ又ハ第二號ノ誘導ニ應シ若ハ之ヲ促シタルトキ

五　前各號ニ揭クル行爲ニ關シ周旋又ハ勸誘ヲ爲シタルトキ

第百十三條　左ノ各號ニ揭クル行爲ヲ爲シタル者ハ三年以下ノ懲役若ハ禁錮又ハ二千圓以下ノ罰金ニ處ス

一　議員候補者タルコト若ハ議員候補者タラムトスルコトヲ止メシムル目的ヲ以テ議員候補者若ハ議員候補者タラムトスル者ニ對シ又ハ當選ヲ辭セシムル目的ヲ以テ當選人ニ對シ前條第一號又ハ第二號ニ揭クル行爲ヲ爲シタルトキ

二　議員候補者タルコト若ハ議員候補者タラムトスルコトヲ止メタルコト、當選ヲ辭シタルコト又ハ其ノ周旋勸誘ヲ爲シタルコトノ報酬ト爲ス目的ヲ以テ議員候補者タリシ者、議員候補者タラムトシタル者又ハ當選人タリシ者ニ對シ前條第一號ニ揭クル行爲ヲ爲シタルトキ

三、前二號ノ供與、饗應接待ヲ受ケ若ハ要求シ、前二號ノ申込ヲ承諾シ又ハ第一號ノ誘導ニ應シ若ハ之ヲ促シタルトキ

四　前各號ニ揭クル行爲ニ關シ周旋又ハ勸誘ヲ爲シタルトキ

第百十四條　前二條ノ場合ニ於テ收受シタ

ル利益ハ之ヲ沒收ス其ノ全部又ハ一部ヲ沒收スルコト能ハサルトキハ其ノ價額ヲ追徵ス

第百十五條 選擧ニ關シ左ノ各號ニ揭クル行爲ヲ爲シタル者ハ三年以下ノ懲役若ハ禁錮又ハ二千圓以下ノ罰金ニ處ス

一 選擧人、議員候補者、議員候補者タラムトスル者、選擧運動者又ハ當選人ニ對シ暴行若ハ威力ヲ加ヘ又ハ之ヲ拘引シタルトキ

二 交通若ハ集會ノ便ヲ妨ケ又ハ演說ヲ妨害シ其ノ他僞計詐術等不正ノ方法ヲ以テ選擧ノ自由ヲ妨害シタルトキ

三 選擧人、議員候補者、議員候補者タラムトスル者、選擧運動者若ハ當選人又ハ其ノ關係アル社寺、學校、會社、組合、市町村等ニ對スル用水、小作、債權、寄附、其ノ他特殊ノ利害關係ヲ利用シテ選擧人議員候補者、議員候補者タラムトスル者、選擧運動者又ハ當選人ヲ威逼シタルトキ

第百十六條 選擧ニ關シ官吏又ハ吏員故意ニ其ノ職務ノ執行ヲ怠リ又ハ職權ヲ濫用シテ選擧ノ自由ヲ妨害シタルトキハ三年以下ノ禁錮ニ處ス

官吏又ハ吏員選擧人ニ對シ其ノ投票セムトシ又ハ投票シタル被選擧人ノ氏名ノ表示ヲ求メタルトキハ三月以下ノ禁錮又ハ百圓以下ノ罰金ニ處ス

第百十七條 選擧事務ニ關係アル官吏、吏員、立會人又ハ監視者選擧人ノ投票シタル被選擧人ノ氏名ヲ表示シタルトキハ二年以下ノ禁錮又ハ千圓以下ノ罰金ニ處ス其ノ表示シタル事實虛僞ナルトキ亦同

シ

第百十八條 投票所又ハ開票所ニ於テ正當ノ事由ナクシテ選擧人ノ投票ニ關渉シ又ハ被選擧人ノ氏名ヲ認知スルノ方法ヲ行ヒタル者ハ一年以下ノ禁錮又ハ五百圓以下ノ罰金ニ處ス

法令ノ規定ニ依ラスシテ投票函ヲ開キ又ハ投票函中ノ投票ヲ取出シタル者ハ三年以下ノ懲役若ハ禁錮又ハ二千圓以下ノ罰金ニ處ス

第百十九條 投票管理者、開票管理者、選擧長、立會人若ハ選擧監視者ニ暴行若ハ脅迫ヲ加ヘ、選擧會場、開票所若ハ投票所ヲ騷擾シ又ハ投票、投票函其ノ他關係書類ヲ抑留、毀壞若ハ奪取シタル者ハ四年以下ノ懲役又ハ禁錮ニ處ス

第百二十條 多衆聚合シテ第百十五條第一號又ハ前條ノ罪ヲ犯シタル者ハ左ノ區別ニ從テ處罰ス

一　首魁ハ一年以上七年以下ノ懲役又ハ禁錮ニ處ス

二　他人ヲ指揮シ又ハ他人ニ率先シテ勢ヲ助ケタル者ハ六月以上五年以下ノ懲役又ハ禁錮ニ處ス

三　附和隨行シタル者ハ百圓以下ノ罰金又ハ科料ニ處ス

第百十五條第一號又ハ前條ノ罪ヲ犯ス爲多衆聚合シ當該公務員ヨリ解散ノ命ヲ受クルコト三回以上ニ及フモ仍解散セサルトキハ首魁ハ二年以下ノ禁錮ニ處シ其ノ他ノ者ハ百圓以下ノ罰金又ハ科料ニ處ス

第百二十一條 選擧ニ關シ銃砲、刀劍、棍棒其ノ他人ヲ殺傷スルニ足ルヘキ物件ヲ携帶シタル者ハ二年以下ノ禁錮又ハ千圓

以下ノ罰金ニ處ス
警察官吏又ハ憲兵ハ必要ト認ムル場合ニ於テ前項ノ物件ヲ領置スルコトヲ得

第百二十二條 前條ノ物件ヲ携帶シテ選擧會場開票所又ハ投票所ニ入リタル者ハ三年以下ノ禁錮又ハ二千圓以下ノ罰金ニ處ス

第百二十三條 前二條ノ罪ヲ犯シタル場合ニ於テハ其ノ携帶シタル物件ヲ沒收ス

第百二十四條 選擧ニ關シ多衆集合シ若ハ隊伍ヲ組ミテ往來シ又ハ煙火、松明ノ類ヲ用ヒ又ハ鐘鼓、喇叭ノ類ヲ鳴ラシ旗幟其ノ他ノ標章ヲ用フル等氣勢ヲ張ルノ行爲ヲ爲シ警察官吏ノ制止ヲ受クルモ仍其ノ命ニ從ハサル者ハ六月以下ノ禁錮又ハ三百圓以下ノ罰金ニ處ス

第百二十五條 演說又ハ新聞紙、雜誌、引札張札其ノ他何等ノ方法ヲ以テスルニ拘ハラス第百十二條、第百十三條、第百十五條、第百十八條乃至第百二十二條及前條ノ罪ヲ犯サシムル目的ヲ以テ人ヲ煽動シタル者ハ一年以下ノ禁錮又ハ五百圓以下ノ罰金ニ處ス但シ新聞紙雜誌ニ在リテハ仍其ノ編輯人及實際編輯ヲ擔當シタル者ヲ罰ス

第百二十六條 演說又ハ新聞紙、雜誌、引札、張札其ノ他何等ノ方法ヲ以テスルニ拘ラス左ノ各號ニ掲クル行爲ヲ爲シタル者ハ二年以下ノ禁錮又ハ千圓以下ノ罰金ニ處ス新聞紙雜誌ニ在リテハ前條但書ノ例ニ依ル

一　當選ヲ得又ハ得シムル目的ヲ以テ議員候補者ノ身分、職業又ハ經歷ニ關シ虛僞ノ事項ヲ公ニシタルトキ

二　當選ヲ得シメサル目的ヲ以テ議員候

補者ニ關シ虚僞ノ事項ヲ公ニシタルトキ

第百二十七條 選擧人ニ非サル者投票ヲ爲シタルトキハ一年以下ノ禁錮又ハ五百圓以下ノ罰金ニ處ス

氏名ヲ詐稱シ其ノ他詐僞ノ方法ヲ以テ投票ヲ爲シタル者ハ二年以下ノ禁錮又ハ千圓以下ノ罰金ニ處ス

投票ヲ僞造シ又ハ其ノ數ヲ增減シタル者ハ三年以下ノ懲役若ハ禁錮又ハ二千圓以下ノ罰金ニ處ス

選擧事務ニ關係アル官吏、吏員、立會人又ハ監視者前項ノ罪ヲ犯シタルトキハ五年以下ノ懲役若ハ禁錮又ハ二千圓以下ノ罰金ニ處ス

第百二十八條 立會人正當ノ事故ナクシテ本法ニ定メタル義務ヲ缺クトキハ百圓以下ノ罰金ニ處ス

第百二十九條 第九十六條若ハ第九十八條ノ規定ニ違反シタル者又ハ第九十四條ノ規定ニ依ル命令ニ從ハサル者ハ一年以下ノ禁錮又ハ五百圓以下ノ罰金ニ處ス

第百三十條 第九十條第一項第二項ノ規定ニ依ル定數ヲ超エ若ハ第九十一條ノ規定ニ違反シテ選擧事務所ヲ設置シタル者又ハ第九十二條ノ規定ニ違反シテ休息所其ノ他之ニ類似スル設備ヲ設ケタル者ハ三百圓以下ノ罰金ニ處ス

第九十三條ノ規定ニ依ル定數ヲ超エテ選擧委員又ハ選擧事務員ノ選任ヲ爲シタル者亦前項ニ同シ

第百三十一條 第八十九條第一項、第九十九條又ハ第百九條ノ規定ニ違反シタル者ハ六月以下ノ禁錮又ハ三百圓以下ノ罰金

ニ處ス

第百三十二條　第八十八條第五項乃至第七項又ハ第八十九條第四項ノ屆出ヲ怠リタル者ハ百圓以下ノ罰金ニ處ス

第百條ノ規定ニ依ル命令ニ違反シタル者亦前項ニ同シ

第百三十三條　選擧事務長又ハ選擧事務長ニ代リ其ノ職務ヲ行フ者第百二條第二項ノ規定ニ依リ告示セラレタル額ヲ超エ選擧運動ノ費用ヲ支出シ又ハ第百一條第一項但書ノ規定ニ依ル承諾ヲ與ヘテ支出セシメタルトキハ一年以下ノ禁錮又ハ五百圓以下ノ罰金ニ處ス

第百三十四條　第百一條ノ規定ニ違反シテ選擧運動ノ費用ヲ支出シタル者ハ一年以下ノ禁錮ニ處ス

第百三十五條　左ノ各號ニ掲クル行爲ヲ爲シタル者ハ六月以下ノ禁錮又ハ三百圓以下ノ罰金ニ處ス

一　第百五條ノ規定ニ違反シテ帳簿ヲ備ヘス又ハ帳簿ニ記載ヲ爲サス若ハ之ニ虚僞ノ記入ヲ爲シタルトキ

二　第百六條第一項ノ屆出ヲ怠リ又ハ虚僞ノ屆出ヲ爲シタルトキ

三　第百七條第一項ノ規定ニ違反シテ帳簿又ハ書類ヲ保存セサルトキ

四　第百七條第一項ノ規定ニ依リ保存スヘキ帳簿又ハ書類ニ虚僞ノ記入ヲ爲シタルトキ

五　第百八條ノ規定ニ依ル帳簿若ハ書類ノ提出若ハ檢査ヲ拒ミ若ハ之ヲ妨ケ又ハ說明ノ求ニ應セサルトキ

第百三十六條　當選人其ノ選擧ニ關シ本章ニ掲クル罪ヲ犯シ刑ニ處セラレタルトキ

ハ其ノ當選ヲ無效トス選擧事務長第百十二條又ハ第百十三條ノ罪ヲ犯シ刑ニ處セラレタルトキ亦同シ但シ選擧事務長ノ選任及監督ニ付相當ノ注意ヲ爲シタルトキハ此ノ限ニ在ラス

第百三十七條 本章ニ揭クル罪ヲ犯シタル者ニシテ罰金ノ刑ニ處セラレタル者ニ在リテハ其ノ裁判確定ノ後五年間、禁錮以上ノ刑ニ處セラレタル者ニ在リテハ其ノ裁判確定ノ後刑ノ執行ヲ終ル迄又ハ刑ノ時效ニ因ル場合ヲ除クノ外刑ノ執行ノ免除ヲ受クル迄ノ間及其ノ後五年間衆議院議員及選擧ニ付本章ノ規定ヲ準用スル議會ノ議員ノ選擧權及被選擧權ヲ有セス禁錮以上ノ刑ニ處セラレタル者ニ付其ノ裁判確定ノ後刑ノ執行ヲ受クルコトナキニ至ル迄ノ間亦同シ

前項ニ規定スル者ト雖情狀ニ因リ裁判所ハ刑ノ言渡ト同時ニ前項ノ規定ヲ適用セス又ハ其ノ期間ヲ短縮スル旨ノ宣告ヲ爲スコトヲ得

前二項ノ規定ハ第六條第五號ノ規定ニ該當スル者ニハ之ヲ適用セス

第百三十八條 第百二十七條第三項及第四項ノ罪ノ時效ハ一年ヲ經過スルニ因リテ完成ス

前項ニ揭クル罪以外ノ本章ノ罪ノ時效ハ六月ヲ經過スルニ因リテ完成ス但シ犯人逃亡シタルトキハ其ノ期間ハ一年トス

第十三章　補　則

第百三十九條 選擧ニ關スル費用ニ付テハ勅令ヲ以テ之ヲ定ム

第百四十條 議員候補者又ハ推薦屆出者ハ勅令ノ定ムル所ニ依リ其ノ選擧區內ニ

在ル選擧人ニ對シ選擧運動ノ爲ニスル通常郵便物ヲ選擧人一人ニ付一通ヲ限リ無料ヲ以テ差出スコトヲ得

公立學校其ノ他勅令ヲ以テ定ムル營造物ノ設備ハ勅令ノ定ムル所ニ依リ演說ニ依ル選擧運動ノ爲其ノ使用ヲ許可スヘシ

第百四十一條　選擧ニ關スル訴訟ニ付テハ本法ニ規定シタルモノヲ除クノ外民事訴訟ノ例ニ依ル選擧ニ關スル訴訟ニ付テハ裁判所ハ他ノ訴訟ノ順序ニ拘ラス速ニ其ノ裁判ヲ爲スヘシ

第百四十二條　第十二章ニ揭クル罪ニ關スル刑事訴訟ニ付テハ上告裁判所ハ刑事訴訟法第四百二十二條第一項ノ期間ニ依ラサルコトヲ得

第百四十三條　當選人其ノ選擧ニ關シ第十二章ニ揭クル罪ヲ犯シ刑ニ處セラレタルトキ又ハ選擧事務長第百十二條若ハ第百十三條ノ罪ヲ犯シ刑ニ處セラレタルトキハ裁判所ノ長ハ其ノ旨ヲ內務大臣及關係地方長官ニ通知スヘシ

第百四十四條　町村組合ニシテ町村ノ事務ノ全部又ハ役場事務ヲ共同處理スルモノハ本法ノ適用ニ付テハ之ヲ一町村、其ノ組合管理者ハ之ヲ町村長、其ノ組合役場ハ之ヲ町村役場ト看做ス

第百四十四條ノ二　本法中郡又ハ島廳管內トアルハ從前郡長又ハ島司ノ管轄シタル區域ヲ謂フ

從前郡長又ハ島司ノ管轄シタル區域內ニ於テ市ノ設置アリタルトキ又ハ其ノ區域ノ境界ニ涉リテ市町村ノ境界ノ變更アリタルトキハ其ノ區域モ亦自ラ變更シタルモノト看做ス

從前郡長又ハ島司ノ管轄シタル區域ノ境界ニ渉リテ町村ノ設置アリタル場合ニ於テハ本法ノ適用ニ付其ノ町村ノ屬スヘキ區域ハ内務大臣之ヲ定ム（大正十五年法律第八二號追加）

第百四十四條ノ三　北海道廳支廳長ノ管轄區域ニ變更アルモ選擧區ニ關シテハ仍從前ノ管轄區域ニ依ル但シ市町村ノ境界ノ變更アリタル爲北海道廳支廳長ノ管轄區域ニ變更アリタルトキハ此ノ限ニ在ラス

前項ノ規定ニ依ル選擧ニ關シ本法ノ規定ヲ適用シ難キ事項ニ付テハ勅令ヲ以テ特別ノ規定ヲ設クルコトヲ得（同上）

第百四十五條　第百四十四條ノ二ノ規定ヲ除クノ外本法中郡ニ關スル規定ハ支廳長ノ管轄區域ニ之ヲ適用ス（同上）

市制第六條ノ市ニ於テハ本法中市ニ關スル規定ハ區ニ、市長ニ關スル規定ハ區長ニ、市役所ニ關スル規定ハ區役所ニ之ヲ適用ス

町村制ヲ施行セサル地ニ於テハ本法中町村ニ關スル規定ハ町村ニ準スヘキモノニ、町村長ニ關スル規定ハ町村長ニ準スヘキ者ニ町村役場ニ關スル規定ハ町村役場ニ準スヘキモノニ之ヲ適用ス

第百四十六條　交通至難ノ島嶼其ノ他ノ地ニ於テ本法ノ規定ヲ適用シ難キ事項ニ付テハ勅令ヲ以テ特別ノ規定ヲ設クルコトヲ得

第百四十七條　第三十三條ノ規定ニ依ル投票ニ付テハ其ノ投票ヲ管理スヘキ者ハ之ヲ投票管理者、其ノ投票ヲ記載スヘキ場所ハ之ヲ投票所、其ノ投票ニ立會フヘキ者ハ之ヲ投票立會人ト看做シ第十二章ノ

規定ヲ適用ス

第百四十八條　本法ノ適用ニ付テハ明治十三年第三十六號布告刑法ノ重罪ノ刑ニ處セラレタル者ハ之ヲ六年ノ懲役又ハ禁錮以上ノ刑ニ處セラレタル者、同法ノ禁錮ノ刑ニ處セラレタル者ハ之ヲ六年未滿ノ懲役又ハ禁錮ノ刑ニ處セラレタル者ト看做ス

第百四十九條　明治十三年第三十六號布告刑法第二編第四章第九節ノ規定ハ衆議院議員ノ選擧ニ關シテハ之ヲ適用セス

第百五十條　本法ハ東京府小笠原島竝北海道廳根室支廳管內占守郡、新知郡、得撫郡及色丹郡ニハ當分ノ內之ヲ施行セス

附　則

本法ハ次ノ總選擧ヨリ之ヲ施行ス

本法ニ依リ初テ議員ヲ選擧スル場合ニ於テ第十八條ノ規定ニ依リ難キトキハ勅令ヲ以テ別ニ總選擧ノ期日ヲ定ムルコトヲ得

前項ノ規定ニ依ル總選擧ニ必要ナル選擧人名簿ニ關シ第十二條、第十三條、第十五條又ハ第十七條ニ規定スル期日又ハ期間ニ依リ難キトキハ勅令ヲ以テ別ニ其ノ期日又ハ期間ヲ定ム但シ其ノ選擧人名簿ハ次ノ選擧人名簿確定迄其ノ效力ヲ有ス

附　則**（大正十五年法律第八二號附則）**

本法ハ郡長及島司廢止ノ日ヨリ之ヲ施行ス

別表

選擧區		議員數
東京府		
第一區	麹町區 芝區 麻布區 赤坂區 四谷區 牛込區	五人
第二區	神田區 小石川區 本郷區 下谷區	五人
第三區	日本橋區 京橋區 淺草區	四人
第四區	本所區 深川區	四人
第五區	荏原郡 豐多摩郡 大島島廳管內 八丈島廳管內	五人
第六區	北豐島郡 南足立郡 南葛飾郡	五人
第七區	八王子市 西多摩郡 南多摩郡 北多摩郡	三人
京都府		
第一區	上京區 下京區	五人
第二區	愛宕郡 葛野郡 乙訓郡 紀伊郡 宇治郡 久世郡 綴喜郡 相樂郡 南桑田郡 北桑田郡 船井郡	三人
第三區	天田郡 何鹿郡 加佐郡 與謝郡 中郡 竹野郡 熊野郡	三人
大阪府		
第一區	西區	三人

第二區	南區	三人
第三區	東區 北區	四人
第四區	西成郡 東成郡	四人
第五區	三島郡 豐能郡 南河内郡 中河内郡 北河内郡	四人
第六區	堺市 岸和田市 泉北郡 泉南郡	三人

神奈川縣

第一區	横濱市	三人
第二區	横須賀市 川崎市 久良岐郡 橘樹郡 都筑郡 三浦郡 鎌倉郡	四人
第三區	高座郡 中郡 足柄上郡 足柄下郡 愛甲郡 津久井郡	四人

兵庫縣

第一區	神戸市	五人
第二區	尼崎市 武庫郡 川邊郡 有馬郡 津名郡 三原郡	四人
第三區	明石市 明石郡 美囊郡 加東郡 多可郡 加西郡 加古郡 印南郡	三人
第四區	姫路市 飾磨郡 神崎郡 揖保郡 赤穗郡 佐用郡 宍粟郡	四人

	第五區	城崎郡　出石郡　養父郡　朝來郡　美方郡　氷上郡　多紀郡	三人
長崎縣	第一區	長崎市　西彼杵郡　北高來郡　南高來郡　對馬島廳管內	五人
	第二區	佐世保市　東彼杵郡　北松浦郡　南松浦郡　壹岐郡	四人
新潟縣	第一區	新潟市　西蒲原郡　佐渡郡	三人
	第二區	北蒲原郡　中蒲原郡　東蒲原郡　岩船郡	四人
	第三區	長岡市　南蒲原郡　三島郡　古志郡　北魚沼郡　南魚沼郡　刈羽郡	五人
	第四區	高田市　中魚沼郡　東頸城郡　中頸城郡　西頸城郡	三人
埼玉縣	第一區	川越市　北足立郡　入間郡	四人
	第二區	比企郡　秩父郡　兒玉郡　大里郡	四人
	第三區	北埼玉郡　南埼玉郡　北葛飾郡	三人
群馬縣	第一區	前橋市　桐生市　勢多郡　利根郡　佐波郡　新田郡　山田郡　邑樂郡	五人

第二區　高崎市　群馬郡　多野郡　北甘樂郡　碓氷郡　吾妻郡　四人

千葉縣

第一區　千葉市　千葉郡　市原郡　東葛飾郡　君津郡　四人

第二區　印旛郡　海上郡　匝瑳郡　香取郡　三人

第三區　長生郡　山武郡　夷隅郡　安房郡　四人

茨城縣

第一區　水戸市　東茨城郡　西茨城郡　鹿島郡　行方郡　稻敷郡　北相馬郡　四人

第二區　那珂郡　久慈郡　多賀郡　三人

第三區　新治郡　筑波郡　眞壁郡　猿島郡　結城郡　四人

栃木縣

第一區　宇都宮市　河内郡　上都賀郡　鹽谷郡　那須郡　五人

第二區　足利市　芳賀郡　下都賀郡　安蘇郡　足利郡　四人

奈良縣　五人

三重縣

第一區	津市　四日市市　桑名郡　員辨郡　三重郡　鈴鹿郡　河藝郡　安濃郡　一志郡　阿山郡　名賀郡	五人
第二區	宇治山田市　飯南郡　多氣郡　度會郡　志摩郡　北牟婁郡　南牟婁郡	四人

愛知縣

第一區	名古屋市	五人
第二區	愛知郡　東春日井郡　西春日井郡　知多郡	三人
第三區	一宮市　丹羽郡　葉栗郡　中島郡　海部郡	三人
第四區	岡崎市　碧海郡　幡豆郡　額田郡　西加茂郡　東加茂郡	三人
第五區	豊橋市　北設樂郡　南設樂郡　寶飯郡　渥美郡　八名郡	三人

靜岡縣

第一區	靜岡市　清水市　庵原郡　安倍郡　志太郡　榛原郡　小笠郡	五人
第二區	沼津市　賀茂郡　田方郡　駿東郡　富士郡	五人
第三區	濱松市　磐田郡　周知郡　濱名郡　引佐郡	四人

山梨縣　五人

滋賀縣			五人
岐阜縣	第一區	岐阜市　稻葉郡　山縣郡　武儀郡　郡上郡	三人
	第二區	大垣市　羽島郡　海津郡　養老郡　不破郡　安八郡　揖斐郡　本巢郡	三人
	第三區	加茂郡　可兒郡　土岐郡　惠那郡　益田郡　大野郡　吉城郡	三人
長野縣	第一區	長野市　更級郡　上高井郡　下高井郡　上水內郡　下水內郡	三人
	第二區	上田市　南佐久郡　北佐久郡　小縣郡　埴科郡	三人
	第三區	諏訪郡　上伊那郡　下伊那郡	四人
	第四區	松本市　西筑摩郡　東筑摩郡　南安曇郡　北安曇郡	三人
宮城縣	第一區	仙臺市　刈田郡　柴田郡　伊具郡　亘理郡　名取郡　宮城郡　黑川郡　加美郡　志田郡　遠田郡	五人

第二區　玉造郡　栗原郡　登米郡　桃生郡　牡鹿郡　本吉郡　三人

福島縣

第一區　福島市　郡山市　信夫郡　伊達郡　安達郡　安積郡　三人

第二區　若松市　岩瀬郡　南會津郡　北會津郡　耶麻郡　河沼郡　大沼郡　東白川郡　西白河郡　石川郡　田村郡　五人

第三區　石城郡　雙葉郡　相馬郡　三人

岩手縣

第一區　盛岡市　巖手郡　紫波郡　下閉伊郡　九戸郡　二戸郡　三人

第二區　稗貫郡　和賀郡　膽澤郡　江刺郡　西磐井郡　東磐井郡　氣仙郡　上閉伊郡　四人

青森縣

第一區　青森市　東津輕郡　上北郡　下北郡　三戸郡　三人

第二區　弘前市　西津輕郡　中津輕郡　南津輕郡　北津輕郡　三人

山形縣

	第一區	山形市 米澤市 南村山郡 東村山郡 西村山郡 南置賜郡 東置賜郡 西置賜郡	四人
	第二區	鶴岡市 北村山郡 最上郡 東田川郡 西田川郡 飽海郡	四人
秋田縣	第一區	秋田市 鹿角郡 北秋田郡 山本郡 南秋田郡 河邊郡	四人
	第二區	由利郡 仙北郡 平鹿郡 雄勝郡	三人
福井縣			五人
石川縣	第一區	金澤市 江沼郡 能美郡 石川郡	三人
	第二區	河北郡 羽咋郡 鹿島郡 鳳至郡 珠洲郡	三人
富山縣	第一區	富山市 上新川郡 中新川郡 下新川郡 婦負郡	三人
	第二區	高岡市 射水郡 氷見郡 東礪波郡 西礪波郡	三人
鳥取縣			四人
島根縣	第一區	松江市 八束郡 能義郡 仁多郡 大原郡 簸川郡 隱岐島廳管內	三人

	第二區	飯石郡 安濃郡 邇摩郡 邑智郡 那賀郡 美濃郡 鹿足郡	三人
岡山縣	第一區	岡山市 御津郡 赤磐郡 和氣郡 邑久郡 上道郡 眞庭郡 苫田郡 勝田郡 英田郡 久米郡	五人
	第二區	兒島郡 都窪郡 淺口郡 小田郡 後月郡 吉備郡 上房郡 川上郡 阿哲郡	五人
廣島縣	第一區	廣島市 佐伯郡 安佐郡 山縣郡 高田郡	四人
	第二區	呉市 安藝郡 賀茂郡 豐田郡	四人
	第三區	尾道市 福山市 御調郡 世羅郡 沼隈郡 深安郡 蘆品郡 神石郡 甲奴郡 雙三郡 比婆郡	五人
山口縣	第一區	下關市 宇部市 厚狹郡 豐浦郡 美禰郡 大津郡 阿武郡	四人

第二區	大島郡、玖珂郡、熊毛郡、都濃郡、佐波郡、吉敷郡	五人

和歌山縣

第一區	和歌山市、海草郡、那賀郡、伊都郡	三人
第二區	有田郡、日高郡、西牟婁郡、東牟婁郡	三人

德島縣

第一區	德島市、名東郡、勝浦郡、那賀郡、海部郡、名西郡	三人
第二區	板野郡、阿波郡、麻植郡、美馬郡、三好郡	三人

香川縣

第一區	高松市、大川郡、木田郡、小豆郡、香川郡	三人
第二區	丸龜市、綾歌郡、仲多度郡、三豐郡	三人

愛媛縣

第一區	松山市、溫泉郡、伊豫郡、上浮穴郡、喜多郡	三人
第二區	今治市、越智郡、周桑郡、新居郡、宇摩郡	三人
第三區	宇和島市、西宇和郡、東宇和郡、北宇和郡、南宇和郡	三人

高知縣	第一區	高知市　安藝郡　香美郡　長岡郡　土佐郡	三人
	第二區	吾川郡　高岡郡　幡多郡	三人
福岡縣	第一區	福岡市　糟屋郡　宗像郡　朝倉郡　筑紫郡　早良郡　糸島郡	四人
	第二區	若松市　八幡市　戸畑市　遠賀郡　鞍手郡　嘉穂郡	五人
	第三區	久留米市　大牟田市　浮羽郡　三井郡　三潴郡　八女郡　山門郡　三池郡	五人
	第四區	小倉市　門司市　企救郡　田川郡　京都郡　築上郡	四人
大分縣	第一區	大分市　大分郡　北海部郡　南海部郡　大野郡　直入郡　玖珠郡　日田郡	四人
	第二區	別府市　西國東郡　東國東郡　速見郡　下毛郡　宇佐郡	三人
佐賀縣			

第一區	佐賀市　佐賀郡　神埼郡　三養基郡　小城郡	三人
第二區	東松浦郡　西松浦郡　杵島郡　藤津郡	三人
熊本縣		
第一區	熊本市　飽託郡　玉名郡　鹿本郡　菊池郡　阿蘇郡	五人
第二區	宇土郡　上益城郡　下益城郡　八代郡　葦北郡　球磨郡　天草郡	五人
宮崎縣		五人
鹿兒島縣		
第一區	鹿兒島市　鹿兒島郡　揖宿郡　川邊郡　熊毛郡　日置郡	五人
第二區	薩摩郡　出水郡　伊佐郡　姶良郡　囎唹郡	四人
第三區	肝屬郡　大島郡　大島島廳管內	三人
沖繩縣		五人
北海道		
第一區	札幌市　小樽市　石狩支廳管內　後志支廳管內	四人
第二區	旭川市　上川支廳管內　宗谷支廳管內　留萠支廳管內	四人

第三區	函館市 檜山支廳管內 渡島支廳管內	三人
第四區	室蘭市 空知支廳管內 膽振支廳管內 浦河支廳管內	五人
第五區	釧路市 河西支廳管內 釧路支廳管內 根室支廳管內 網走支廳管內	四人

本表ハ十年間ハ之ヲ更正セス

●衆議院議員選擧法施行令

改正（大正十五年一月二十九日勅令第三號）
（大正一五年勅令第二三八號）

朕樞密顧問ノ諮詢ヲ經テ衆議院議員選擧法施行令改正ノ件ヲ裁可シ茲ニ之ヲ公布セシム

衆議院議員選擧法施行令

第一章　選擧區、選擧權及被選擧權

第一條　衆議院議員選擧法ノ別表ニ揭クル以外ノ市ハ其ノ設置前屬シタル郡市ノ屬スル選擧區ニ包含スルモノトス

第二條　選擧人ノ年齡ハ選擧人名簿調製ノ期日ニ依リ、被選擧人ノ年齡ハ選擧ノ期日ニ依リ之ヲ算定ス

第三條　衆議院議員選擧法第七條第二項ノ規定ニ依リ除外スヘキ學生生徒左ノ如シ

一　陸軍各部依託學生生徒

二　海軍軍醫學生藥劑學生主計學生造船學生造機學生造兵學生竝海軍豫備生徒及海軍豫備練習生

第二章　選擧人名簿

第四條　市町村ノ境界變更アリタル爲選擧人名簿ニ異動ヲ生シタルトキハ市町村長ハ其ノ管理ニ屬スル選擧人名簿中異動ニ係ル部分ヲ新ニ屬シタル市町村ノ市町村長ニ送付スヘシ

市町村ノ廢置分合アリタル爲選擧人名簿ノ引繼ヲ要スルトキハ前項ノ例ニ依ル

（大正十五年勅令第二三八號改正）

第五條　（同上削除）

第六條 選擧人名簿ハ市町村長ニ於テ議員ノ任期間之ヲ保存スヘシ

第三章 投票

第七條 市町村ノ區域ヲ分チテ數投票區ヲ設ケタル場合ニ於テハ左ノ規定ニ依ル

一 選擧人名簿ハ投票區毎ニ之ヲ調製スヘシ

二 各投票區ニ於ケル投票管理者ハ地方長官ニ於テ官吏又ハ吏員ノ中ニ就キ之ヲ定ム此ノ場合ニ於テハ投票管理者ノ内一人ハ市町村長ヲ以テ之ニ充ツルコトヲ要ス（**同上改正**）

三 市町村長ハ選擧ノ期日ノ公布又ハ告示アリタルトキハ直ニ選擧人名簿ヲ各投票管理者ニ送付スヘシ

第八條 數町村ノ區域ヲ合セテ一投票區ヲ設ケタル場合ニ於テハ左ノ規定ニ依ル

一 投票管理者ハ地方長官ニ於テ關係町村長ノ中ニ就キ之ヲ定ム（**同上改正**）

二 町村長ハ選擧ノ期日ノ公布又ハ告示アリタルトキハ直ニ選擧人名簿ヲ投票管理者ニ送付スヘシ

第九條 投票管理者及其ノ代理者故障アルトキハ監督官廳ハ臨時ニ官吏又ハ吏員ヲシテ其ノ事務ヲ管掌セシムルコトヲ得

第十條 投票立會人ノ屆出ハ文書ヲ以テ之ヲ爲シ投票立會人ノ氏名、住居及生年月日ヲ記載シ且本人ノ承諾書ヲ添附スヘシ

第十一條 選擧人選擧人名簿調製期日後其ノ投票區域外ニ住居ヲ移シタル場合ニ於テハ名簿調製期日ニ於テ住居ヲ有シタル地ノ投票區ノ投票所ニ到リ投票ヲ爲スヘシ

第十二條 投票管理者必要アリト認ムルト

キハ投票所入場劵及到着番號札ヲ選擧人ニ交付スルコトヲ得

第十三條 投票記載ノ場所ハ選擧人ノ投票ヲ覗ヒ又ハ投票ノ交換其ノ他不正ノ手段ヲ用ソルコト能ハサラシムル爲相當ノ設備ヲ爲スヘシ

第十四條 投票函ハ二重ノ蓋ヲ造リ各別ニ鎖鑰ヲ設クヘシ

第十五條 投票管理者ハ投票ヲ爲サシムル二先チ投票所ニ參會シタル選擧人ノ面前ニ於テ投票函ヲ開キ其ノ空虚ナルコトヲ示シタル後内蓋ヲ鎖スヘシ

第十六條 投票管理者ハ投票立會人ノ面前ニ於テ選擧人ヲ選擧人名簿ニ對照シタル後投票用紙ヲ交付スヘシ

第十七條 選擧人誤リテ投票ノ用紙又ハ封筒ヲ汚損シタルトキハ其ノ引換ヲ請求スルコトヲ得

第十八條 投票ハ投票管理者及投票立會人ノ面前ニ於テ選擧人自ラ之ヲ投函スヘシ

第十九條 投票ヲ爲サムトスル選擧人ヲシテ本人ナル旨ノ宣言ヲ爲サシムル必要アルトキハ投票管理者ハ投票立會人ノ面前ニ於テ之ヲ宣言セシメ投票所ノ事務ニ從事スル者ヲシテ之ヲ筆記セシメ選擧人ニ讀聞カセ選擧人ヲシテ之ニ署名セシムヘシ前項ノ規定ニ依ル宣言書ハ之ヲ投票錄ニ添附スヘシ

第二十條 選擧人投票前投票所外ニ退出シ又ハ退出ヲ命セラレタルトキハ投票管理者ハ投票用紙ヲ返付セシムヘシ

第二十一條 衆議院議員選擧法第二十八條ノ規定ニ依リ盲人カ投票ニ關スル記載ニ使用スルコトヲ得ル點字ハ別表ヲ以テ之

ヲ定ム

點字ニ依リ投票ヲ爲サムトスル選擧人ハ投票管理者ニ對シ其ノ旨ヲ申立ツヘシ此ノ場合ニ於テハ投票管理者ハ投票用紙ニ點字投票ナル旨ノ印ヲ押捺シテ交付スヘシ

點字ニ依ル投票ノ拒否ニ付テハ衆議院議員選擧法第三十一條ノ例ニ依ル此ノ場合ニ於テハ封筒ニ點字投票ナル旨ノ印ヲ押捺シテ交付スヘシ

前項ノ規定ニ依リ假ニ爲サシメタル投票ハ衆議院議員選擧法第四十九條ノ規定ノ適用ニ付テハ同法第三十一條第二項及第四項ノ投票ト看做ス

第二十二條 投票ヲ終リタルトキハ投票管理者ハ投票函ノ內蓋ノ投票口及外蓋ヲ鎖シ其ノ內蓋ノ鑰ハ投票函ヲ送致スヘキ投票立會人之ヲ保管シ外蓋ノ鑰ハ投票管理者之ヲ保管スヘシ

第二十三條 投票ニ關スル書類ハ投票管理者ニ於テ議員ノ任期間之ヲ保存スヘシ但シ市町村ノ區域ヲ分チテ數投票區ヲ設ケタル場合ニ於テハ市町村長タル投票管理者ハ其ノ他ノ投票管理者ノ保存スヘキ書類ヲ併セテ保存スヘシ

第二十四條 地方長官衆議院議員選擧法第三十六條ノ規定ニ依リ投票ノ期日ヲ定メタルトキハ直ニ之ヲ告示シ併セテ投票管理者及開票管理者ニ通知スヘシ

第二十五條 地方長官衆議院議員選擧法第三十七條ノ規定ニ依リ投票ノ期日ヲ定メタルトキハ直ニ之ヲ投票管理者、開票管理者及選擧長ニ通知スヘシ

第四章　衆議院議員選擧法第三十三條ノ投票

第二十六條　衆議院議員選擧法第三十三條ノ事由ヲ定ムルコト左ノ如シ

一　湖川、港灣ノミヲ航行スル船舶、總噸數二十噸未滿又ハ積石數二百石未滿ノ船舶及端舟其ノ他櫓櫂ノミヲ以テ運轉シ又ハ主トシテ櫓櫂ヲ以テ運轉スル舟ヲ除クノ外日本船舶（內地以外ニ船籍港ヲ定ムルモノヲ含ム以下之ニ同シ）ノ船員又ハ其ノ船舶ニ乘務スルノ常況ニ在ル者船內從業中ナルヘキコト

二　前號ノ船舶ヲ除クノ外日本船舶ニシテ總噸數五噸以上又ハ積石數五十石以上ノモノノ船員又ハ其ノ船舶ニ乘務スルノ常況ニ在ル者船內從業中ナルヘキコト

三　鐵道列車ニ乘務スルノ常況ニ在ル鐵道係員、郵便取扱員其ノ他ノ者鐵道列車ニ乘務中ナルヘキコト

四　陸海軍軍人演習召集中又ハ教育召集中ナルヘキコト

五　艦船乘員タル軍屬海上勤務中ナルヘキコト

第二十七條　選擧人前條第一號、第四號又ハ第五號ニ揭クル事由ニ因リ選擧ノ當日自ラ投票所ニ到リ投票ヲ爲シ能ハサルヘキトキハ選擧ノ期日ノ公布又ハ告示アリタル日ヨリ選擧ノ期日ノ前日迄ニ自ラ其ノ屬スル投票區ノ投票管理者ニ就キ又ハ之ニ對シ郵便ヲ以テ其ノ旨ヲ證シテ投票用紙及投票用封筒ノ交付ヲ請求スルコトヲ得

選擧人前條第二號又ハ第三號ニ揭クル事

由ニ因リ選擧ノ當日自ラ投票所ニ到リ投票ヲ爲シ能ハサルヘキトキハ選擧ノ期日前十日ヨリ選擧ノ期日ノ前日迄ニ自ラ其ノ屬スル投票區ノ投票管理者ニ就キ其ノ旨ヲ證シテ投票用紙及投票用封筒ノ交付ヲ請求スルコトヲ得

點字ニ依リ投票ヲ爲サムトスル選擧人ハ前二項ノ請求ヲ爲スト同時ニ投票管理者ニ對シ其ノ旨ヲ申立ツヘシ

第二十八條　選擧人前條ノ請求ヲ爲ス場合ニ於テハ併セテ其ノ證スル事項ニ付左ニ揭クル者ノ證明書ヲ提出スヘシ但シ第二十六條第四號ニ揭クル事由ニ基ク事項ニ付テハ選擧ノ期日カ召集期間中ナル場合ニ於テ選擧人自ラ其ノ屬スル投票區ノ投票管理者ニ就キ請求ヲ爲ストキニ限リ召集令狀ノ提示ヲ以テ證明書ノ提出ニ代フルコトヲ得

一　第二十六條第一號ニ揭クル事由ニ關シテハ船員ニ在リテハ管海官廳（管海官廳ニ準スヘキモノヲ含ム）、領事官又ハ船長（船長ノ職務ヲ行フ者ヲ含ム以下之ニ同シ）、其ノ他ノ者ニ在リテハ各所屬ノ官署ノ長又ハ其ノ業務主

二　第二十六條第二號ニ揭クル事由ニ關シテハ各所屬ノ官署ノ長又ハ其ノ者ノ業務主

三　第二十六條第三號ニ揭クル事由ニ關シテハ鐵道係員ニ在リテハ各所屬ノ車掌監督機關庫主任電車庫主任（地方鐵道ニ在リテハ各之ニ該當スル者）、郵便取扱員ニ在リテハ各所屬ノ郵便局長、其ノ他ノ者ニ在リテハ各所屬ノ官署ノ長又ハ其ノ業務主

四　第二十六條第四號ニ揭クル事由ニ關シテハ其ノ者ノ所屬ノ部隊若ハ陸上海軍各部（陸軍大臣又ハ海軍大臣ノ定ムル所ニ依ル以下之ニ同シ）ノ長又ハ所屬ノ艦船ノ長

五　第二十六條第五號ニ揭クル事由ニ關シテハ其ノ者ノ所屬ノ艦船ノ長

前項ノ規定ニ依ル證明者前項ノ證明書ノ交付ノ請求ヲ受ケタル場合ニ於テ該當事項アリト認ムルトキハ直ニ證明書ヲ交付スヘシ

選擧人正當ノ事由ニ因リ第一項ノ證明書ヲ提出スルコト能ハサルトキハ其ノ旨ヲ投票管理者ニ疏明スヘシ

第二十九條　投票管理者第二十七條及前條第一項又ハ第三項ノ規定ニ依リ投票用紙及投票用封筒ノ交付ノ請求ヲ受ケタル場合ニ於テハ直ニ其ノ選擧ニ用フヘキ選擧人名簿ニ對照シ當該選擧人カ第二十六條ニ揭クル事由ノ一ニ因リ選擧ノ當日自ラ投票所ニ到リ投票ヲ爲シ能ハスト認ムルトキハ投票用紙及投票用封筒ヲ直ニ選擧人ニ直接ニ交付シ又ハ郵便ヲ以テ發送スヘシ

前項ノ場合ニ於テ第二十七條第三項ノ申立ヲ爲シタル選擧人ニ交付シ又ハ發送スル投票用紙ニハ點字投票ナル旨ノ印ヲ押捺スヘシ

第三十條　衆議院議員選擧法第三十三條ノ規定ニ依ル投票ニ付テハ當該選擧人カ第二十六條ニ揭クル事由ノ何レニ關シ投票用紙及投票用封筒ノ交付ヲ受ケタルカニ依リ各左ニ揭クル者之ヲ管理ス（之ヲ特別投票管理者ト稱ス）

一　第二十六條第一號ニ揭クル事由ニ關スルトキハ選擧人ノ屬スル投票區ノ投票管理者又ハ乘務スル船舶ノ船長
二　第十六條第二號又ハ第三號ニ揭クル事由ニ關スルトキハ選擧人ノ屬スル投票區ノ投票管理者
三　第二十六條第四號ニ揭クル事由ニ關スルトキハ選擧人ノ屬スル投票區ノ投票管理者其ノ所屬ノ部隊若ハ陸上海軍各部ノ所在地ノ投票管理者（當該所在地二以上ノ投票區ニ涉ルトキハ關係投票管理者ノ中ニ就ニ地方長官ノ指定スル者）又ハ所屬ノ艦船ノ長
四　第二十六條第五號ニ揭クル事由ニ關スルトキハ選擧人ノ屬スル投票區ノ投票管理者又ハ其ノ所屬ノ艦船ノ長

第三十一條　第二十六條第一號、第四號又ハ第五號ニ揭クル事由ニ關シ投票用紙及投票用封筒ノ交付ヲ受ケタル選擧人ハ選擧ノ期日迄ニ其ノ投票用紙及投票用封筒ヲ特別投票管理者ニ提示シ點檢ヲ受ケ當該管理者ノ管理スル投票記載ノ場所ニ於テ自ラ投票用紙ニ被選擧人一人ノ氏名ヲ記載シ之ヲ投票用封筒ニ入レ封緘シ投票用封筒ノ表面ニ其ノ氏名ヲ記載シ直ニ之ヲ當該管理者ニ提出スヘシ
第二十六條第二號又ハ第三號ニ揭クル事由ニ關シ投票用紙及投票用封筒ノ交付ヲ受ケタル選擧人ハ其ノ交付ヲ受ケタル後直ニ特別投票管理者ノ管理スル投票記載ノ場所ニ於テ自ラ投票用紙ニ被選擧人一人ノ氏名ヲ記載シ之ヲ投票用封筒ニ入レ封緘シ投票用封筒ノ表面ニ其ノ氏名ヲ記載シ直ニ之ヲ當該管理者ニ提出スヘシ

前二項ノ場合ニ於テ特別投票管理者ハ各關係市町村吏員、船員若ハ海軍軍人又ハ之ニ準スヘキ者ヲシテ之ニ立會ハシムヘ票第十三條ノ規定ハ第一項及第二項ノ投シ記載ノ場所ニ之ヲ準用ス

第三十二條 特別投票管理者前條第一項又ハ第二項ノ規定ニ依ル投票ヲ受領シタルトキハ投票用封筒ノ裏面ニ投票ノ年月日及場所ヲ記載シ前條第三項ノ規定ニ依ル立會人ト共ニ之ニ署名スヘシ

前項ノ特別投票管理者選擧人ノ屬スル投票區ノ投票管理者ナルトキハ其ノ投票ヲ其ノ儘保管スヘシ

第一項ノ特別投票管理者選擧人ノ屬スル投票區ノ投票管理者以外ノ者ナルトキハ更ニ其ノ投票ヲ他ノ封筒ニ入レ封緘シ其ノ表面ニ投票在中ノ旨ヲ明記シ其ノ裏面ニ署名捺印シ之ヲ選擧人ノ屬スル投票區ノ投票管理者ニ送致スヘシ

投票用紙及投票用封筒ヲ交付シタル後投票區ニ異動アリタルニ因リ投票管理者ノ管理ニ係ル投票區ニ屬スルコトナキニ至リタル選擧人ノ投票ハ投票管理者ニ於テ直ニ之ヲ新ニ選擧人ノ屬スル投票區ノ投票管理者ニ送致スヘシ

投票管理者投票所ヲ閉ツヘキ時刻迄ニ前二項ノ規定ニ依ル投票ノ送致ヲ受ケタルトキハ送致ニ用ヒラレタル封筒ヲ開披シ投票ハ其ノ儘之ヲ保管スヘシ

第三十三條 投票管理者ハ第二十七條乃至第二十九條及前二條ノ規定ニ依ル手續ニ關スル顚末書ヲ作成シ之ニ署名シ投票錄ニ添付スヘシ

第三十四條 投票管理者ハ投票函閉鎖前投

票立會人ノ意見ヲ聽キ第三十二條第二項又ハ第五項ノ規定ニ依リ保管スル投票ノ受理如何ヲ決定スヘシ
前項ノ決定アリタルトキハ投票管理者ハ直ニ投票用封筒ヲ開披シ其ノ點字投票ナル旨ノ印ヲ押捺シタル投票用紙ヲ用ヒタル投票ニ付衆議院議員選擧法第三十一條ノ例ニ依リ其ノ拒否ヲ決定スヘシ
第一項ノ規定ニ依リ受理スヘシト決定セラレ且前項ノ規定ニ依ル拒否ノ決定ヲ受ケサル投票ハ投票管理者ニ於テ直ニ之ヲ投函シ第一項ノ規定ニ依リ受理スヘカラスト決定セラレタル投票又ハ前項ノ規定ニ依ル拒否ノ決定ヲ受ケタル投票ハ投票管理者ニ於テ更ニ之ヲ其ノ投票用封筒ニ入レ假ニ封緘ヲ施シ其ノ表面ニ第一項ノ規定ニ依ル不受理ノ決定又ハ前項ノ規定ニ依ル拒否ノ決定アリタル旨ヲ記載シテ之ヲ投函スヘシ
第一項ノ規定ニ依ル不受理ノ決定又ハ第二項ノ規定ニ依ル拒否ノ決定アリタル投票ハ衆議院議員選擧法第四十九條ノ規定ノ適用ニ付テハ同法第三十一條第二項及第四項ノ投票ト看做ス

第三十五條　第二十九條ノ規定ニ依リ交付ヲ受ケタル投票用紙及投票用封筒ハ選擧ノ當日投票所ニ於テ之ヲ使用スルコトヲ得ス
選擧人第二十九條ノ規定ニ依リ投票用紙及投票用封筒ノ交付ヲ受ケタルトキハ之ヲ投票管理者ニ返還スルニ非サレハ衆議院議員選擧法第二十五條第一項ノ規定ニ依ル投票ヲ爲スコトヲ得ス

第三十六條　投票管理者投票所ヲ閉ツヘキ

時刻後第三十二條第三項又ハ第四項ノ規定ニ依ル投票ノ送致ヲ受ケタルトキハ送致ニ用ヒラレタル封筒ヲ開披シ投票用封筒ノ裏面ニ受領ス年月日時ヲ記載シ之ヲ開票管理者ニ送致スヘシ

第五章　開票

第三十七條　郡市ノ區域ヲ分チテ數開票區ヲ設ケタル場合ニ於テハ各開票區ニ於ケル開票管理者ハ地方長官ニ於テ官吏又ハ吏員ノ中ニ就キ之ヲ定ム但シ支廳長ノ管轄區域又ハ市ノ區域ヲ分チテ數開票區ヲ設ケタル場合ニ於テハ開票管理者ノ內一人ハ支廳長又ハ市長ヲ以テ之ニ充ツルコトヲ得（同上改正）

第三十八條　第九條ノ規定ハ開票管理者及其ノ代理者ニ、第十條ノ規定ハ開票立會人ニ之ヲ準用ス

第三十九條　投票ヲ點檢スルトキハ開票管理者ハ開票事務ニ從事スル者二人ヲシテ各別ニ同一議員候補者ノ得票數ヲ計算セシムヘシ

第四十條　前條ノ計算終リタルトキハ開票管理者ハ投票區每ニ各議員候補者ノ得票數ヲ朗讀シ終リニ各議員候補者ノ得票總數ヲ朗讀スヘシ

第四十一條　開票管理者衆議院議員選擧法第四十九條第三項ノ報告ヲ爲ストキハ同時ニ開票錄ノ謄本ヲ送付スヘシ
開票管理者ハ前項ノ報告ヲ爲シタル後直ニ投票管理者ヨリ送付シタル選擧人名簿ヲ關係市町村長ニ返付スヘシ（同上改正）

第四十二條　開票管理者ハ投票區每ニ點檢濟ニ係ル投票ノ有效無效ヲ區別シ各之ヲ封筒ニ入レ開票立會人ト共ニ封印ヲ施シ

之ヲ保存スヘシ
受理スヘカラスト決定シタル投票ハ其ノ封筒ヲ開披セス前項ノ例ニ依リ議員ノ任期間之ヲ保存スヘシ
第三十六條ノ規定ニ依リ送致ヲ受ケタル投票ハ開票管理者ニ於テ其ノ封筒ヲ開披セス議員ノ任期間之ヲ保存スヘシ
地方長官ノ指定シタル官吏（支廳長ヲ除ク）又ハ吏員（市長ヲ除ク）開票管理者タル場合ニ於テハ開票管理者ノ保存スヘキ投票ハ地方長官若ハ支廳長又ハ市長ニ於テ之ヲ保存スヘシ（同上追加）

第四十三條　開票ニ關スル書類ハ開票管理者ニ於テ議員ノ任期間之ヲ保存スヘシ但シ此ノ場合ニ於テハ前條第四項ノ規定ヲ準用ス（同上改正）

第四十四條　地方長官衆議院議員選擧法第五十六條ノ規定ニ依リ開票ノ期日ヲ定メタルトキハ直ニ之ヲ開票管理者及選擧長ニ通知スヘシ

第六章　選擧會

第四十五條　第九條ノ規定ハ選擧長及其ノ代理者ニ、第十條ノ規定ハ選擧立會人ニ之ヲ準用ス

第四十六條　開票管理者ノ報告ヲ調査スルトキハ選擧長ハ開票區毎ニ各議員候補者ノ得票數ヲ朗讀シ終リニ各議員候補者ノ得票總數ヲ朗讀スヘシ

第四十七條　選擧會ニ關スル書類ハ選擧長ニ於テ議員ノ任期間之ヲ保存スヘシ但シ地方長官ノ指定シタル官吏（支廳長ヲ除ク）選擧長タル場合ニ於テハ地方長官ニ於テ之ヲ保存スヘシ（同上改正）

第四十八條　地方長官衆議院議員選擧法第

六十五條ノ規定ニ依リ選擧會ノ期日ヲ定メタルトキハ直ニ之ヲ選擧長ニ通知スヘシ

第七章　議員候補者及當選人

第四十九條　議員候補者ノ屆出又ハ推薦屆出ハ文書ヲ以テ之ヲ爲シ議員候補者タルヘキ者ノ氏名、職業、住居及生年月日(推薦屆出ノ場合ニ於テハ併セテ推薦屆出者ノ氏名、住居及生年月日)ヲ記載シ且衆議院議員選擧法第六十八條第一項ノ供託ヲ爲シタルコトヲ證スヘキ書面ヲ添附スヘシ

議員候補者タルコトヲ辭スルコトノ屆出ハ文書ヲ以テ之ヲ爲シ其ノ被選擧權ヲ有セサルニ至リタル爲選擧ノ期日前十日以内ニ議員候補者タルコトヲ辭スル場合ニ於テハ其ノ事由ヲ記載スヘシ

第五十條　議員候補者ノ屆出又ハ推薦屆出アリタルトキハ選擧長ハ直ニ其ノ旨ヲ議員候補者ノ住居ヲ有スル地ノ市町村長ニ通知シ同時ニ議員候補者ノ氏名、職業、住居、生年月日其ノ他必要ナル事項ヲ開票管理者ニ通知スヘシ

前項ノ通知ヲ受ケタル市町村長ハ當該議員候補者死亡シタルトキハ直ニ其ノ旨ヲ選擧長ニ通知スヘシ

選擧長ハ議員候補者ノ議員候補者タルコトヲ辭シタルトキ又ハ其ノ死亡シタルコトヲ知リタルトキハ直ニ其ノ旨ヲ開票管理者ニ通知スヘシ

第五十一條　議員候補者選擧ノ期日前十一日迄ニ議員候補者タルコトヲ辭シタルトキ、選擧ノ期日ニ於ケル投票所ヲ開クヘキ時刻迄ニ死亡シタルトキ若ハ被選擧權

ヲ有セサルニ至リタル爲議員候補者タルコトヲ辭シタルトキ又ハ選擧ノ全部無效ト爲リタルトキハ直ニ衆議院議員選擧法第六十八條第一項ノ供託物ノ還付ヲ請求スルコトヲ得

議員候補者ノ得票數衆議院議員選擧法第六十八條第二項ノ規定ニ該當セサルモノナルトキ又ハ議員候補者同法第七十一條ノ規定ノ適用ヲ受ケタルモノナルトキハ其ノ選擧及當選ノ效力確定後直ニ同法第六十八條第一項ノ供託物ノ還付ヲ請求スルコトヲ得

第五十二條 當選人衆議院議員選擧法第七十四條ノ期間内ニ當選承諾ノ屆出ヲ爲サヽルトキハ選擧長ハ直ニ其ノ旨ヲ地方長官ニ報告スヘシ

第八章 選擧運動

第五十三條 選擧事務長ノ選任（議員候補者又ハ推薦屆出者自ラ選擧事務長ト爲リタル場合ヲ含ム以下之ニ同シ）ノ屆出ハ文書ヲ以テ之ヲ爲シ選擧事務長ノ氏名、職業、住居、生年月日及選任年月日竝議員候補者ノ氏名ヲ記載シ且選擧事務長カ選擧權ヲ有スル者ナルコトヲ證スヘキ書面ヲ添附スヘシ

推薦屆出者選擧事務長ノ選任ヲ爲シタル場合ニ於テハ前項ノ屆出ニハ推薦屆出者數人アルトキハ其ノ代表者タルコトヲ證スヘキ書面ヲ、其ノ選任ニ付議員候補者ノ承諾ヲ要スルトキハ其ノ承諾ヲ得タルコトヲ證スヘキ書面ヲ添附スヘシ

第五十四條 選擧委員又ハ選擧事務員ノ選任ノ屆出ハ文書ヲ以テ之ヲ爲シ選擧委員又ハ選擧事務員ノ氏名、職業、住居、生

年月日及選任年月日ヲ記載シ且選擧委員又ハ選擧事務員カ選擧權ヲ有スル者ナルコトヲ證スヘキ書面ヲ添附スヘシ

第五十五條　選擧事務所ノ設置ノ屆出ハ文書ヲ以テ之ヲ爲シ選擧事務所ノ所在地及設置年月日ヲ記載スヘシ

第五十六條　選擧事務長、選擧委員、選擧事務員又ハ選擧事務所ニ異動アリタルコトノ屆出ハ前三條ノ例ニ依リ之ヲ爲スヘシ

前項ノ屆出ニシテ解任又ハ辭任ニ因ル異動ニ關スルモノニハ衆議院議員選擧法第八十八條第三項若ハ第四項又ハ第八十九條第二項若ハ第三項ノ通知アリタルコトヲ證スヘキ書面ヲ添附スヘシ選擧事務長ヲ選任シタル推薦屆出者選擧事務長ヲ解任シタル場合ニ於テハ併セテ其ノ解任ニ付議員候補者ノ承諾アリタルコトヲ證スヘキ書面ヲ添附スヘシ

第五十七條　選擧事務長故障アルトキ之ニ代リテ其ノ職務ヲ行フコトノ屆出ハ文書ヲ以テ之ニ爲シ選擧事務長ノ氏名（選擧事務長ノ選任ヲ爲シタル推薦屆出者モ亦故障アルトキハ併セテ其ノ氏名）、故障ノ事實及其ノ職務代行ヲ始メタル年月日ヲ記載シ且故障ノ生シタルコトヲ證スヘキ書面ヲ添附スヘシ

選擧事務長故障アルトキ之ニ代リテ其ノ職務ヲ行フ者之ヲ罷メタルコトノ屆出ハ文書ヲ以テ之ヲ爲シ故障ノ止ミタル事實及其ノ職務代行ヲ罷メタル年月日ヲ記載シ且故障ノ止ミタルコトヲ證スヘキ書面ヲ添附スヘシ

第九章　選擧運動ノ費用

第五十八條 選擧事務長選擧運動ノ費用ノ支出ノ承諾ヲ與ヘタル場合ニ於テ承諾ニ係ル費用ノ支出終了シタルトキ又ハ選擧ノ期日經過シタルトキハ選擧事務長ハ遲滯ナク其ノ承諾ヲ受ケタル者ニ就キ支出金額（財産上ノ義務ノ負擔又ハ金錢以外ノ財産上ノ利益ノ使用若ハ費消ノ承諾ヲ與ヘタル場合ニ於テハ其ノ負擔シタル義務又ハ其ノ使用シ若ハ費消シタル利益）其ノ用途ノ大要、支出先、支出年月日及支出者ノ氏名ヲ記載シタル精算書ヲ作成スヘシ

第五十九條 演說又ハ推薦狀ニ依ル選擧運動ノ費用ニシテ議員候補者、選擧事務長、選擧委員又ハ選擧事務員ニ非サル者カ議員候補者又ハ選擧事務長ト意思ヲ通シテ支出シタルモノニ付テハ選擧事務長ハ其ノ都度遲滯ナク議員候補者又ハ支出者ニ就キ前條ノ例ニ依リ精算書ヲ作成スヘシ

前項ノ費用ニシテ議員候補者ト意思ヲ通シテ支出シタルモノニ付テハ其ノ意思ヲ通シタル都度議員候補者ハ直ニ其ノ旨ヲ選擧事務長ニ通知スヘシ

第六十條 立候補準備ノ爲ニ要シタル費用ニシテ議員候補者若ハ選擧事務長ト爲リタル者カ支出シ又ハ他人カ其ノ者ト意思ヲ通シテ支出シタルモノニ付テハ選擧事務長ハ其ノ就任後遲滯ナク議員候補者又ハ支出者ニ就キ第五十八條ノ例ニ依リ精算書ヲ作成スヘシ

第六十一條 選擧事務長ハ左ニ掲クル帳簿ヲ備フヘシ

一 承諾簿

二 評價簿

三　支出簿

第六十二條　選擧事務長選擧運動ノ費用ノ支出ノ承諾ヲ與ヘタルトキハ直ニ承諾ニ係ル金額（財産上ノ義務ノ負擔又ハ金錢以外ノ財産上ノ利益ノ使用若ハ費消ノ承諾ヲ與ヘタル場合ニ於テハ承諾ニ係ル義務又ハ利益）、其ノ用途ノ大要、承諾年月日及承諾ヲ受ケタル者ノ氏名ヲ承諾簿ニ記載スヘシ

選擧事務長選擧運動ノ費用ノ支出ノ承諾ヲ與ヘタル後未タ支出セラレサル費用ニ付テハ文書ヲ以テ其ノ承諾ノ取消ヲ爲スコトヲ得此ノ場合ニ於テハ其ノ旨ヲ前項ノ例ニ依リ承諾簿ニ記載スヘシ

選擧事務長第五十八條ノ規定ニ依リ精算書ヲ作成シタルトキハ直ニ支出總金額（財産上ノ義務ノ負擔又ハ金錢以外ノ財産上ノ利益ノ使用若ハ費消ニ付テハ其ノ種類別總額）、其ノ用途ノ大要、精算年月日及承諾ヲ受ケタル者ノ氏名ヲ承諾簿ニ記載スヘシ

第六十三條　左ニ掲クル場合ニ於テハ選擧事務長ハ直ニ財産上ノ義務又ハ金錢以外ノ財産上ノ利益ヲ時價ニ見積リタル金額、其ノ用途ノ大要、支出先、支出年月日及見積リノ詳細ナル根據ヲ評價簿ニ記載スヘシ

一　選擧事務長選擧運動ノ費用トシテ財産上ノ義務ヲ負擔シ又ハ金錢以外ノ財産上ノ利益ヲ使用シ若ハ費消シタルトキ

二　選擧事務長第五十九條第一項又ハ第六十條ノ規定ニ依リ財産上ノ義務ノ負擔又ハ金錢以外ノ財産上ノ利益ノ使用

若ハ費消ニ關スル精算書ヲ作成シタルトキ

三　選擧事務長前條ノ規定ニ依リ財産上ノ義務ノ負擔又ハ金錢以外ノ財産上ノ利益ノ使用若ハ費消ニ關スル承諾簿ノ記載ヲ爲シタルトキ

第六十四條　左ニ掲クル場合ニ於テハ選擧事務長ハ直ニ支出金額、其ノ用途ノ大要、支出先及支出年月日ヲ支出簿ニ記載スヘシ

一　選擧事務長金錢ヲ以テ選擧運動ノ費用ノ支出ヲ爲シタルトキ

二　選擧事務長第五十九條第一項又ハ第六十條ノ規定ニ依リ金錢ノ支出ニ關スル精算書ヲ作成シタルトキ

三　選擧事務長第六十二條第三項ノ規定ニ依リ金錢ノ支出ニ關スル承諾簿ノ記載ヲ爲シタルトキ

四　選擧事務長前條ノ規定ニ依リ評價簿ノ記載ヲ爲シタルトキ

第六十五條　衆議院議員選擧法第百九條ノ規定ニ依リ事務ノ引繼ヲ爲ス場合ニ於テハ第六十六條ニ定ムル精算屆書ノ樣式ニ準シ選擧運動ノ費用ノ計算書ヲ作成シテ引繼ヲ爲ス者及引繼ヲ受クル者ニ於テ之ニ引繼ノ旨及引繼年月日ヲ記載シ共ニ署名捺印シ第六十八條ニ定ムル帳簿及書類ト共ニ其ノ引繼ヲ爲スヘシ

第六十六條　衆議院議員選擧法第百六條第一項ノ規定ニ依ル選擧運動ノ費用ノ精算ノ屆出ハ文書ヲ以テ之ヲ爲シ內務大臣ノ定ムル精算屆書ノ樣式ニ依ルヘシ

第六十七條　選擧運動ノ費用ノ支出ヲ爲シタルトキハ其ノ都度領收書其ノ他ノ支出

ヲ證スヘキ書面ヲ徴スヘシ但シ之ヲ徴シ難キ事情アルトキ又ハ一口五圓未滿ノ支出ヲ爲シタルトキハ此ノ限ニ在ラス

第六十八條 衆議院議員選擧法第百七條第二項ノ規定ニ依リ帳簿及書類ノ種類ヲ定ムルコト左ノ如シ

一 第五十八條乃至第六十條ノ精算書
二 第六十一條ニ掲クル帳簿
三 第六十五條ノ計算書
四 前條ノ領收書其ノ他ノ支出ヲ證スヘキ書面

第十章 選擧ニ關スル費用

第六十九條 選擧人名簿、投票ノ用紙及封筒投票函並點字器ノ調製ニ要スル費用ハ北海道地方費又ハ府縣ノ負擔トス

第七十條 選擧事務ノ爲地方長官、選擧長、開票管理者又ハ投票管理者ニ於テ要スル費用及選擧會場、開票所又ハ投票所ニ要スル費用ハ關係行政廳ノ經費ヲ以テ之ニ支辨スヘシ

衆議院議員選擧法第三十三條ノ規定ニ依ル投票ニ關スル選擧事務ノ爲投票管理者又ハ特別投票管理者ニ於テ要スル費用及其ノ投票記載ノ場所ニ要スル費用ハ選擧人ノ屬スル投票區ノ行政廳ノ經費ヲ以テ之ヲ支辨スヘシ

第七十一條 前條ノ關係行政廳二以上アル場合ニ於テハ其ノ支辨スヘキ費用ハ關係行政廳ニ之ヲ平分スヘシ此ノ場合ニ於テ關係行政廳ノ經費カ同一經濟ニ屬スルトキハ一行政廳ノ經費ヲ以テ之ヲ支辨スヘシ

第七十二條 投票立會人、開票立會人及選擧立會人ニハ職務ノ爲要スル費用ヲ給ス

前項ノ費用ノ額ハ地方長官之ヲ定ム

第一項ノ費用ハ北海道地方費又ハ府縣ノ負擔トス

第十一章　無料郵便物ノ差出

第七十三條　衆議院議員選擧法第百四十條第一項ノ選擧運動ノ爲ニスル通常郵便物ハ左ニ掲クルモノニ限ル

一　重量十匁迄ノ無封ノ書狀

二　私製葉書

前項ノ郵便物ハ之ヲ特殊取扱ト爲スコトヲ得ス

第七十四條　前條ノ郵便物ハ選擧事務長ノ選任ヲ爲シタル議員候補者又ハ推薦屆出者ニ限リ之ヲ差出スコトヲ得

選擧事務長ノ選任ヲ爲シタル推薦屆出者死亡其ノ他ノ事由ニ因リ前條ノ郵便物ヲ差出スコトヲ得サルトキハ議員候補者之ヲ差出スコトヲ得

前項ノ議員候補者ハ前條ノ郵便物ヲ其ノ未タ差出サレサル選擧人ニ對シテノミ差出スコトヲ得

選擧事務長ニ異動アリタル場合ニ於テ新ニ選擧事務長ノ選任ヲ爲シタル者モ亦同シ

第七十五條　前二條ニ定ムルモノノ外第七十三條ノ郵便物ニ關シ必要ナル事項ハ遞信大臣之ヲ定ム

第十二章　公立學校等ノ設備ノ使用

第七十六條　衆議院議員選擧法第百四十條第二項ノ營造物ノ設備ハ左ニ掲クルモノニシテ道府縣、市町村、市町村組合、町村組合、商業會議所又ハ農會ノ管理ニ屬スルモノニ限ル

一　公會堂

二　議事堂

三　前各號ノ外地方長官ノ指定シタル營造物ノ設備

議事堂ニシテ國又ハ公共團體ノ他ノ營造物ノ設備ト同一ノ建物内ニ在リ又ハ之ニ接續シ若ハ近接シ其ノ使用ニ依リ國又ハ公共團體ノ事務ニ著シキ支障アリト認ムルモノニ付テハ地方長官ハ豫メ之ヲ指定シ其ノ使用ヲ制限シ又ハ禁止スルコトヲ得

前二項ノ指定ヲ爲シタルトキハ地方長官ハ直ニ之ヲ告示スヘシ

第七十七條　公立學校及前條ノ營造物ノ設備ノ使用ハ選擧事務長ノ選任ヲ爲シタル議員候補者又ハ推薦屆出者ニ限リ之ヲ申請スルコトヲ得

第七十四條第二項ノ規定ハ前項ノ申請ニ之ヲ準用ス

第七十八條　公立學校ヲ使用セムトスルトキハ其ノ使用スヘキ學校ノ設備及日時ヲ記載シタル文書ヲ以テ當該公立學校管理者ニ之ヲ申請スヘシ

同一議員候補者ノ爲二回以上同一公立學校ヲ使用セムトスルトキハ先ノ申請ニ對シ許可セラレタル使用ノ日ヲ經過シタル後ニ非サレハ更ニ申請ヲ爲スコトヲ得ス

第七十九條　同一公立學校ヲ同一日時ニ使用スヘキ二以上ノ申請アリタルトキハ公立學校管理者ハ先ニ到達シタル申請書ノ申請ニ對シ、其ノ到達同時ナルトキハ既ニ使用ヲ許可セラレタル度數ノ少キ議員候補者ノ爲ノ申請ニ對シ其ノ使用ヲ許可スヘシ其ノ度數モ亦同シキトキハ申請者又ハ其ノ代人立會ノ上抽籤ニ依リ其ノ使

用ヲ許可スヘキ者ヲ決定スヘシ

第八十條 第七十八條ノ規定ニ依ル申請書ノ到達アリタルトキハ公立學校管理者ハ當該公立學校長ノ意見ヲ徴シテ其ノ許否ヲ決定シ到達ノ日ヨリ二日以内ニ申請者又ハ其ノ代人及當該公立學校長ニ通知スヘシ

第八十一條 公立學校ノ使用ノ許可ハ左ノ各號ノ規定ニ依ル

一 公立學校長ニ於テ學校ノ授業又ハ諸行事ニ支障アリト認ムル場合ニ於テハ其ノ使用ヲ許可スルコトヲ得ス

二 職員室、事務室、宿直室、器械室、標本室其ノ他公立學校長ニ於テ著シキ支障アリト認ムル設備ニ付テハ其ノ使用ヲ許可スルコトヲ得ス

三 使用ヲ許可スヘキ期間ハ選擧ノ期日ノ公布又ハ告示アリタル日ヨリ選擧ノ期日ノ前日迄トス

四 使用ノ時間ハ一回ニ付五時間ヲ超ユルコトヲ得ス

第八十二條 道廳府縣立學校管理者タル地方長官ハ前四條ニ規定スル管理者ノ權限ヲ學校長ニ委任スルコトヲ得

地方長官前項ノ委任ヲ爲シタルトキハ直ニ之ヲ告示スヘシ

第八十三條 前五條ノ規定ハ第七十六條ノ營造物ノ設備ノ使用ニ之ヲ準用ス但シ公立學校長ニ該當スル者ナキ場合ニ於テハ第八十一條中公立學校長トアルハ管理者トス

第八十四條 第七十六條ノ營造物ノ設備ノ使用ニ付キ一般ニ使用ニ關スル料金徴收ノ定アルモノニ關シテハ其ノ料金ヲ徴收

スルコトヲ妨ケス

第八十五條　公立學校又ハ第七十六條ノ營造物ノ設備ノ使用ノ準備及其ノ後片付等ニ要スル費用ハ使用ノ許可ヲ受ケタル者ノ負擔トス

公立學校又ハ第七十六條ノ營造物ノ設備ノ使用ニ因リ共ノ設備ヲ損傷シタルトキハ使用ノ許可ヲ受ケタル者ニ於テ之ヲ賠償シ又ハ原狀ニ復スヘシ

第八十六條　地方長官ハ公立學校又ハ第七十六條ノ營造物ノ設備ノ管理者カ本章ノ規定ニ違反シテ又ハ不當ニ使用ノ許可ヲ爲シ又ハ爲サザルトキハ使用ノ許可ヲ取消シ又ハ使用ノ許可ヲ爲スコトヲ得

第八十七條　地方長官ハ選擧運動ノ爲ニスル公立學校又ハ第七十六條ノ營造物ノ設備ノ使用ニ關シ本章ニ定ムルモノノ外必要ナル規定ヲ設クルコトヲ得

第十三章　交通至難ノ島嶼ニ於ケル特例

第八十八條　北海道廳根室支廳管內國後郡紗那郡、擇捉郡及蘂取郡ニ於ケル選擧ニ關シテハ第八十九條乃至第百七條ノ規定ニ依ル

第八十九條　**(同上削除)**

第九十條　**(同上削除)**

第九十一條　**(同上削除)**

第九十二條　**(同上削除)**

第九十三條　衆議院議員選擧法第十六條第一項ニ定ムル出訴期間ハ決定ノ通知ヲ受ケタル日ヨリ三十日以內トス**(同上改正)**

第九十四條　衆議院議員選擧法第三十一條第二項乃至第四項ノ規定及第三十四條中投票ヲ受理スヘカラスト決定シタル場合

ニ關スル規定ハ之ヲ適用セス

第九十五條 投票管理者ハ投票ノ翌日投票所ニ於テ衆議院議員選擧法第四十八條、第四十九條第二項及第五十一條ノ例ニ依リ開票管理者ニ屬スル職務ヲ行フ此ノ場合ニ於テハ投票立會人ハ其ノ例ニ依リ開票立會人ニ屬スル職務ヲ行フ

第三十九條ノ規定ハ前項ノ規定ニ依リ投票ヲ點檢スル場合ニ之ヲ準用ス

第九十六條 各議員候補者ノ得票數ノ計算終リタルトキハ投票管理者ハ其ノ得票數ヲ朗讀スヘシ

第九十七條 投票ノ點檢終リタルトキハ投票管理者ハ直ニ其ノ結果ヲ開票管理者ニ報告スヘシ

第九十八條 投票管理者ハ點檢濟ニ係ル投票ノ有效無效ヲ區別シ各之ヲ封筒ニ入レ投票立會人ト共ニ之ニ封印ヲ施スヘシ

第三十四條ノ規定ニ依リ受理スヘカラスト決定シタル投票ハ投票管理者之ヲ其ノ儘他ノ封筒ニ入レ投票立會人ト共ニ之ニ封印ヲ施スヘシ

第九十九條 投票管理者ハ前四條ノ規定ニ依ル手續ニ關スル顚末書ヲ作成シ投票立會人ト共ニ署名シ投票錄及前條ノ投票ト併セテ開票管理者ニ之ヲ送致スヘシ

第百條 投票管理者ハ豫メ開票ノ日時ヲ告示スヘシ

第百一條 選擧人ハ其ノ投票所ニ就キ開票ノ參觀ヲ求ムルコトヲ得

第百二條 天災其ノ他避クヘカラサル事故ニ因リ投票ヲ行フコトヲ得サルトキ又ハ更ニ之ヲ行フノ必要アルトキハ投票管理者ハ更ニ期日ヲ定メ投票ヲ行ハシムヘシ

前項ノ規定ハ開票ニ之ヲ準用ス

投票管理者第一項ノ規定ニ依リ投票ノ期日ヲ定メタルトキハ少クトモ五日前ニ之ヲ告示シ前項ノ規定ニ依リ開票ノ期日ヲ定メタルトキハ豫メ之ヲ告示スヘシ

投票管理者第一項又ハ第二項ノ規定ニ依リ投票又ハ開票ノ期日ヲ定メタルトキハ直ニ之ヲ開票管理者、選擧長及地方長官ニ報告スヘシ

第百三條　開票管理者ハ第九十七條ノ報告及衆議院議員選擧法第三十五條又ハ第三十六條ノ規定ニ依リ送致セラレタル投票函ノ總テ到達シタル翌日開票ヲ行フヘシ

開票管理者ハ前項ノ投票函ノ投票ニ付衆議院議員選擧法第四十九條第一項及第二項ノ規定ニ依ル手續ヲ終リタルトキハ前項ノ報告ヲ調査シ投票區每ニ各議員候補者ノ得票數ヲ朗讀シ終リニ各議員候補者ノ得票總數ヲ朗讀スヘシ

第九十七條ノ報告遲着ノ處アルトキハ其ノ報告總テ到達セサルモ投票函ノ總テ到達シタル翌日以後ハ開票管理者ハ其ノ投票函ノ投票及前日迄ニ到達シタル報告ニ付前項ノ例ニ依リ開票ノ手續ヲ爲スコトヲ得

前項ノ規定ニ依リ開票ヲ行ヒタル場合ニ於テハ開票管理者ハ報告ノ總テ到達シタル日又ハ其ノ翌日更ニ開票所ニ於テ調査未濟ノ報告ヲ調査シ該報告ニ付投票區每ニ各議員候補者ノ得票數ヲ朗讀シ終リニ前項ノ規定ニ依ル得票總數ヲ通算シタル各議員候補者ノ得票總數ヲ朗讀スヘシ

第二項及前項ノ場合ニ於テハ開票管理者ハ直ニ其ノ結果ヲ選擧長ニ報告スヘシ

第百四條　第九十七條ノ報告ニ關スル書類及第九十九條ノ規定ニ依リ送致ヲ受ケタル顚末書ハ開票管理者ニ於テ議員ノ任期間之ヲ保存スヘシ

第百五條　選擧ノ一部無效ト爲リ更ニ選擧ヲ行ヒタル場合ノ開票ニ於テハ其ノ選擧ニ係ル第九十七條ノ報告ヲ調査スヘシ

第百六條　衆議院議員選擧法第百六條ノ規定ニ依リ屆出ツヘキ事項ニ付同條ノ定ムル期間内ニ屆出ツルコト能ハサル情況ア

リト認ムルトキハ地方長官ハ第八十八條ノ地域ニ關スル部分ニ限リ分別シテ適宜ニ其ノ期間ヲ延長スルコトヲ得

地方長官前項ノ規定ニ依リ屆出期間ヲ延長シタルトキハ直ニ其ノ旨ヲ告示スヘシ

第八十八條ノ地域ニ關スル當選人ニ對スル衆議院議員選擧法第八十四條第一項ニ定ムル出訴期間ハ第一項ノ規定ニ依リ延長シタル期間ト同一ノ期間之ヲ延長ス

第百七條　衆議院議員選擧法第百二十八條ノ規定ハ投票立會人正當ノ事故ナクシテ第九十五條又ハ第九十九條ニ定メタル義務ヲ缺キタル場合ニ之ヲ適用ス

第百八條　東京府青ケ島ニ於テハ名主ハ其ノ年十二月十九日迄ニ選擧人名簿ヲ支廳長ニ送付スヘシ

前項ノ規定ニ依リ送付ヲ受ケタル選擧人名簿ハ支廳長ニ於テ之ヲ管理スヘシ

第一項ノ規定ニ依リ選擧人名簿ヲ支廳長ニ送付シタル後ニ確定判決ニ依リ之ヲ修正スヘキトキハ名主ハ直ニ其ノ旨ヲ支廳長ニ報告スヘシ

支廳長前項ノ報告ヲ受ケタルトキハ直ニ名簿ヲ修正シ其ノ旨ヲ告示スヘシ

選擧人名簿ヲ其ノ年十二月十九日迄ニ支廳長ニ送付スルコト能ハサル情況アリト認ムルトキハ地方長官ハ適宜ニ選擧人名簿ノ調製、縱覽、修正ノ申立及修正ノ申立ノ決定ニ關スル期日又ハ期間ヲ定メ併セテ之ヲ告示シ其ノ年十二月十九日迄ニ選擧人名簿ヲ送付セシムルコトヲ得

第一項ノ區域ニ於ケル選擧ニ關シテハ第九十三條及第百六條ノ規定ヲ準用ス但シ第九十三條及第百六條ノ規定中地方長官トアルハ警視總監トス

投票所ハ支廳ニ之ヲ設ケ投票管理者ノ職務ハ支廳長之ヲ行フ

衆議院議員選擧法第二十四條第二項ノ規定ニ依リ投票立會人ノ選任ヲ爲ス場合ニ於テハ官吏又ハ吏員ノ中ニ就キ之ヲ選任スルコトヲ得（同上改正）

第百九條　沖繩縣大東島ニ於ケル選擧人名簿ニ關スル町村長ノ職務ハ地方長官ノ定メタル官吏之ヲ行フ

前項ノ區域ニ於ケル選擧ニ關シテハ第九

十三條乃至第百七條ノ規定ヲ準用ス但シ投票管理者ノ職務ハ地方長官ノ定メタル官吏之ヲ行フ（同上改正）

第十三章　市町村ノ境界ノ變更アリタル場合ニ於ケル選擧ノ施行

第百九條ノ二　選擧區ノ境界ニ涉リテ境界ノ變更アリタル市町村ニ於テ行フ衆議院議員選擧法第七十五條及第七十九條ノ選擧ニ付テハ同法第二條ノ市町村ノ區域ハ最近ニ總選擧ノ行ハレタル市町村ノ區域トシ選擧ニ關スル事務ヲ管理スヘキ市町村長ハ關係市町村長數人アルトキハ其ノ者ノ中ニ就キ地方長官ノ指定スル者トス

第百九條ノ三　前條ノ選擧ヲ行フ場合ニ於テハ關係市町村長ハ選擧前選擧人名簿中市町村ノ境界ノ變更ニ因リ異動アリタル區域ニ係ル部分ヲ投票管理者ニ送付スヘシ

第百九條ノ四　第百九條ノ二ノ選擧ニ付テハ衆議院議員選擧法第三條ノ郡市ノ區域ハ最近ニ總選擧ノ行ハレタル郡市ノ區域トシ開票管理者タルヘキ支廳長又ハ市長ハ關係支廳長又ハ市長數人アルトキハ其ノ者ノ中ニ就キ地方長官指定スル者トス

第百九條ノ五　府縣ノ境界ニ涉リテ市町村ノ境界ノ變更アリタル場合ニ於ケル第百九條ノ二ノ選擧ニ付テハ選擧ニ關スル事務ヲ管理スヘキ地方長官ハ其ノ異動アリタル區域カ最近ノ總選擧ノ際屬シタル府縣ノ地方長官トス

第百九條ノ六　第百九條ノ二ノ選擧ニ關スル費用ニシテ第六十九條乃至第七十二條ノ規定ニ依リ難キモノニ付テハ內務大臣ノ定ムル所ニ依ル

第百九條ノ七　左ノ場合ニ於テ選擧又ハ投票ヲ行フヘキ區域ノ境界ニ涉リテ市町村ノ境界ノ變更アリタルトキハ其ノ選擧又ハ投票ニ付テハ前五條ノ規定ヲ準用ス

一　選擧ノ一部無效ト爲リ更ニ選擧ヲ行フトキ（市町村ノ境界カ選擧區ノ境界ニ涉ル場合ヲ除ク）

二　衆議院議員選擧法第三十七條ノ投票ヲ行フトキ

第十四章　補　則

第百十條　地方長官衆議院議員選擧法第百四十三條ノ規定ニ依リ選擧事務長カ同法第百十二條又ハ第百十三條ノ罪ヲ犯シ刑ニ處セラレタル旨ノ裁判所ノ長ノ通知ヲ受ケタルトキハ直ニ之ヲ關係選擧長ニ通知スヘシ
選擧長前項ノ通知ヲ受ケタルトキハ直ニ其ノ旨ヲ告示スヘシ

第百十一條　衆議院議員選擧法第百四十四條第百四十四條ノ二及第百四十五條ノ規定ハ本令ノ適用ニ付之ヲ準用ス**（同上改正）**

附　則

本令ハ次ノ總選擧ヨリ之ヲ施行ス
北海道衆議院議員選擧特例ハ之ヲ廢止ス

附　則**（大正十五年勅令第二百三十八號附則）**

本令ハ郡長及島司廢止ノ日ヨリ之ヲ施行ス

附　則**（昭和三年勅令第二百六十四號）**

本令ハ公布ノ日ヨリ之ヲ施行ス
本令ハ本令施行ノ日以前ニ於テ市町村ノ境界ノ變更アリタル場合ニ於ケル選擧又ハ投票ニ付テモ亦之ヲ適用ス

別表點字

（右側ノ記載ハ各點字ノ發音ヲ示スモノトス）

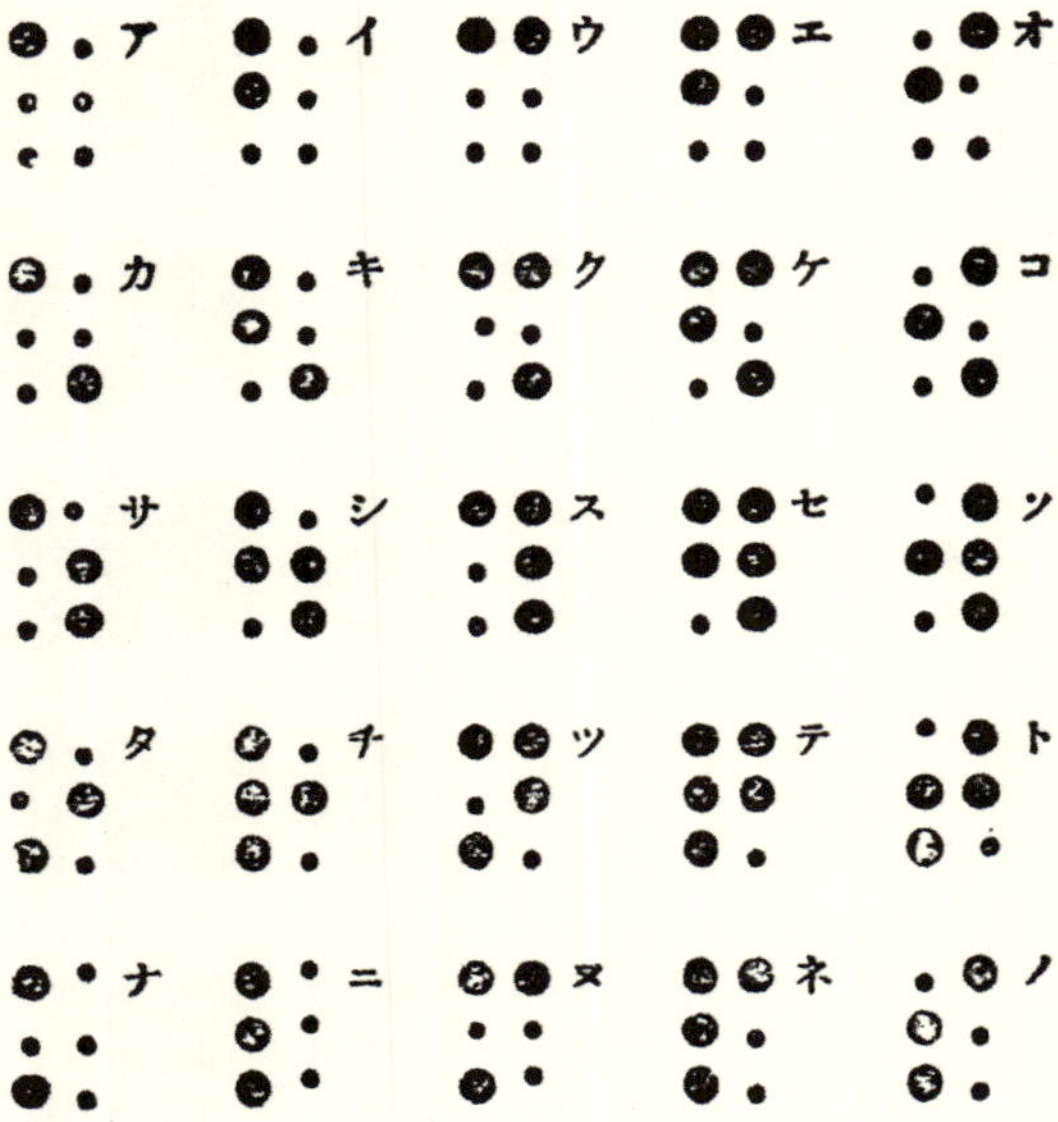

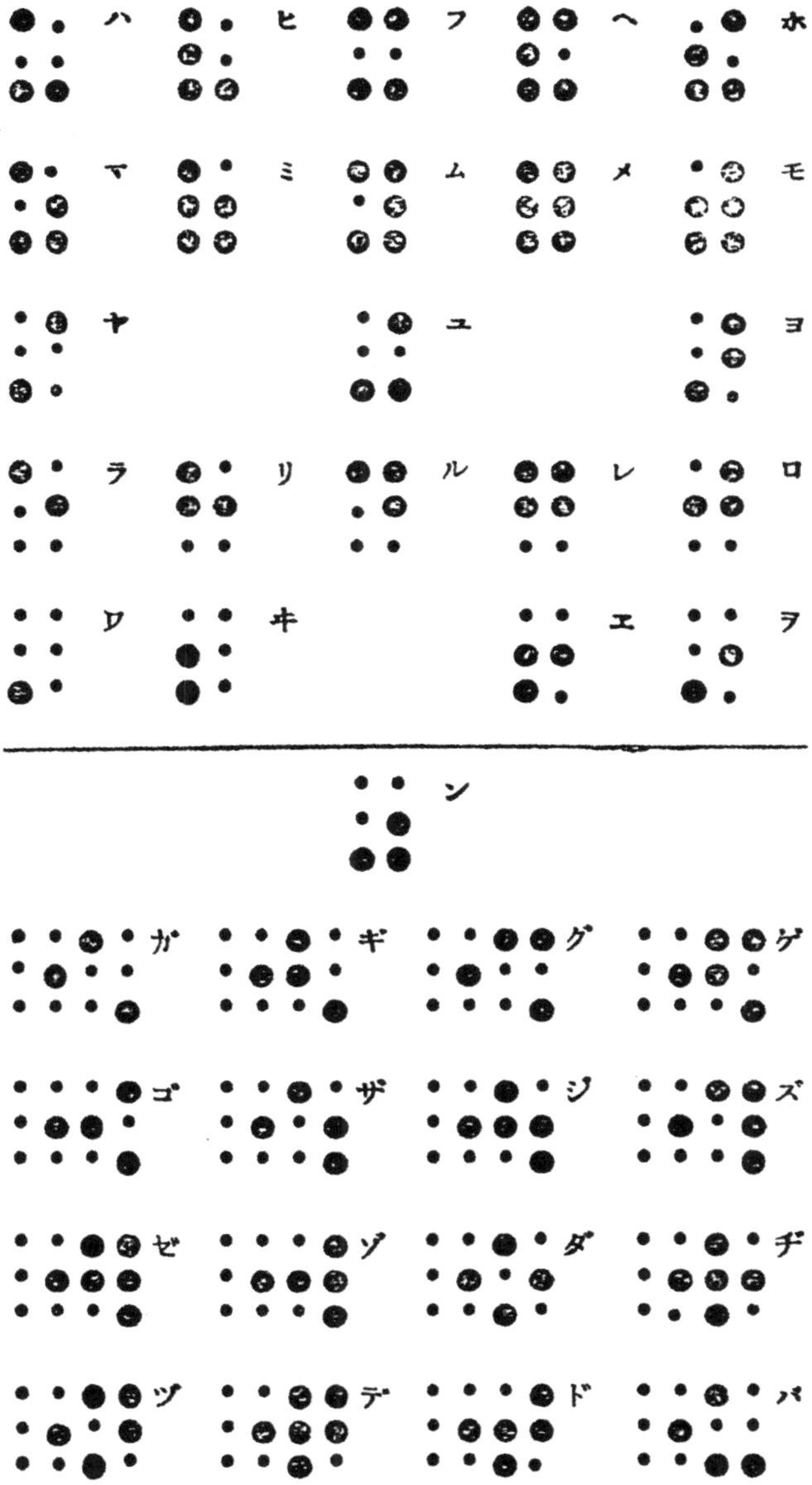
ホ ヘ フ ヒ ハ
モ メ ム ミ マ
ヨ ユ ヤ
ロ レ ル リ ラ
ヲ ヱ ヰ ワ
ン
ガ ギ グ ゲ
ゴ ザ ジ ズ
ゼ ゾ ダ ヂ
ヅ デ ド パ

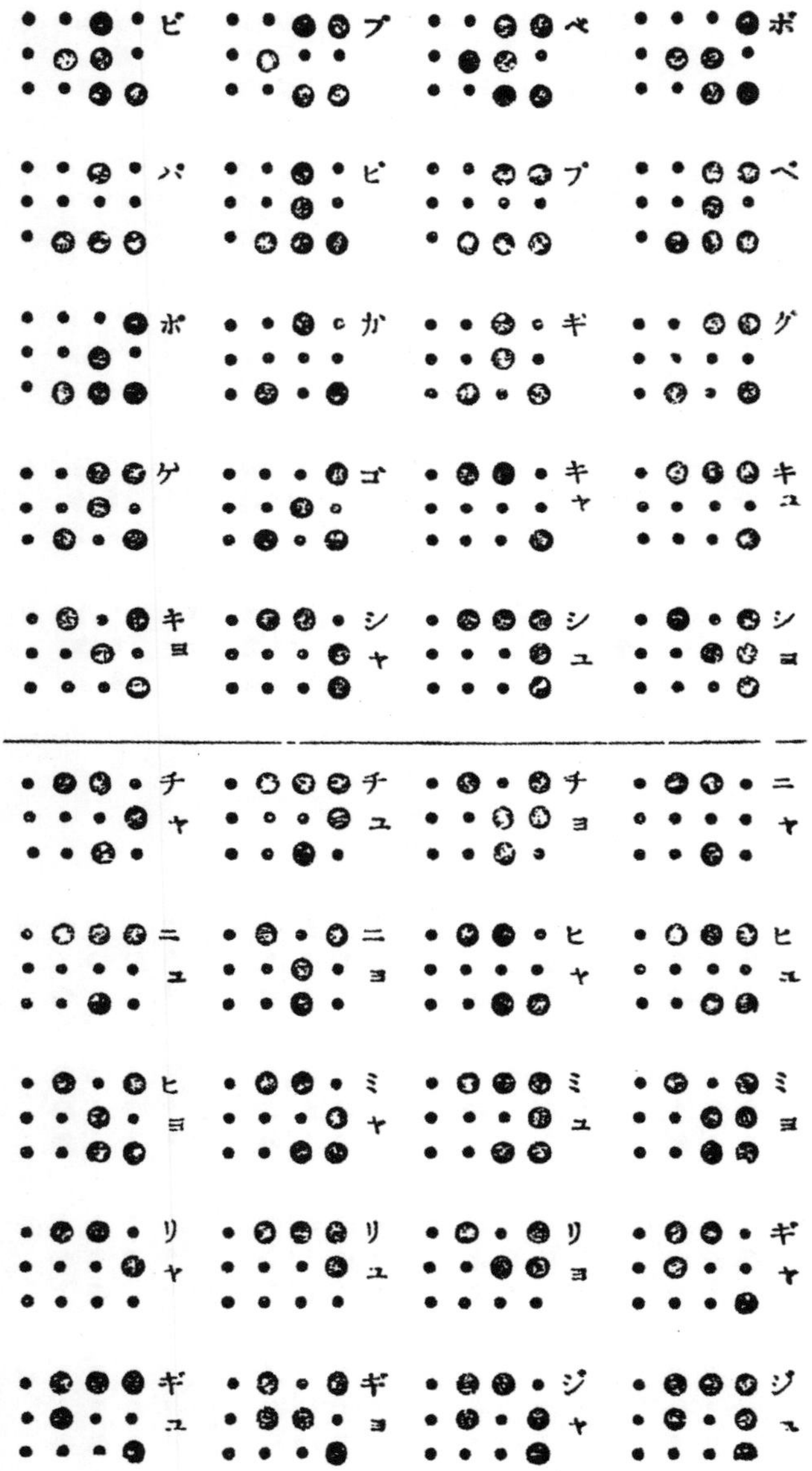
ビ
プ
ベ
ボ
パ
ピ
プ
ペ
ポ
ガ
ギ
グ
ゲ
ゴ
キャ
キュ
キョ
シャ
シュ
ショ
チャ
チュ
チョ
ニャ
ニュ
ニョ
ヒャ
ヒュ
ヒョ
ミャ
ミュ
ミョ
リャ
リュ
リョ
ギャ
ギュ
ギョ
ジャ
ジュ

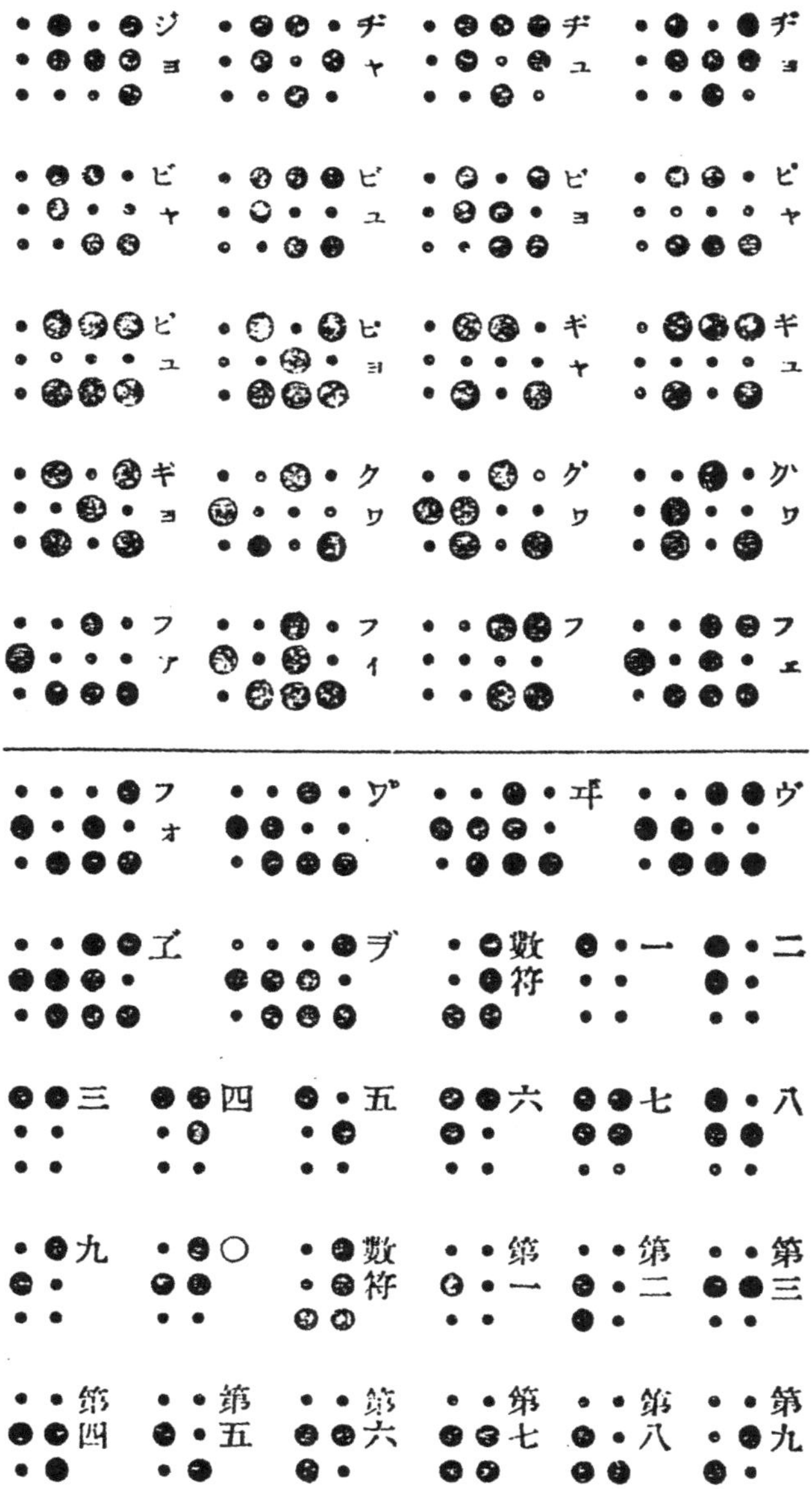
ジョ
ヂャ
ヂュ
ヂョ
ビャ
ビュ
ビョ
ピャ
ピュ
ピョ
ギャ
ギュ
ギョ
クヮ
グヮ
グヮ
ファ
フィ
フ
フェ
フォ
ヷ
ヸ
ヴ
ヹ
ヺ
数符
一
二
三
四
五
六
七
八
九
〇
数符
第一
第二
第三
第四
第五
第六
第七
第八
第九

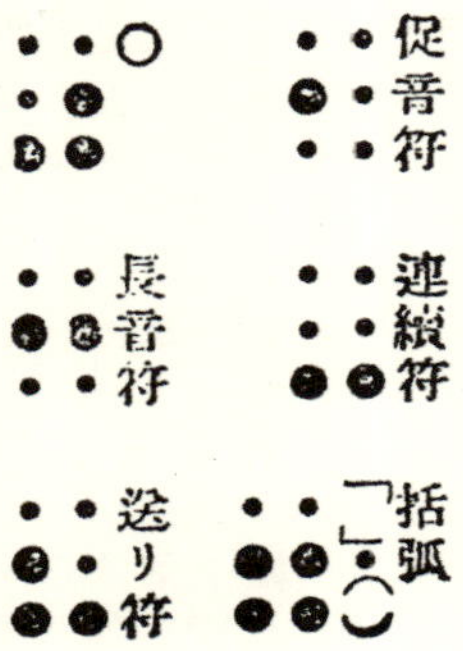

●衆議院議員選擧法施行規則（大正十五年二月三日内務省令第四號）

衆議院議員選擧法施行規則

第一條 衆議院議員選擧人名簿ハ別記様式ニ依リ之ヲ調製スヘシ

第二條 衆議院議員選擧法第十七條第六項ノ選擧人名簿ノ調製及其ノ期日、縦覧確定ニ關スル期日、期間等ハ地方長官ニ於テ之ヲ定メ豫メ告示スヘシ

第三條 投票用紙並衆議院議員選擧法第三十一條第三項及第四項ノ規定ニ依ル封筒及衆議院議員選擧法施行令第二十九條ノ規定ニ依ル投票用封筒ハ別記様式ニ依リ之ヲ調製スヘシ

第四條 衆議院議員選擧法施行令第二十一條第二項及第三項並第二十九條第二項ノ規定ニ依リ投票用紙又ハ封筒ニ押捺スヘキ點字投票ナル旨ノ印ハ別記様式ニ依リ之ヲ調製スヘシ

點字投票ナル旨ノ印ハ投票用紙及封筒ノ表面ニ之ヲ押捺スヘシ

第五條 投票函ハ別記様式ニ依リ之ヲ調製スヘシ

第六條 立會人ノ屆出書及之ニ添附スヘキ承諾書、議員候補者ノ屆出書又ハ推薦屆出書並議員候補者タルコトヲ辭スルコト

ノ屆出書ハ別記樣式ニ準シ之ヲ作成スヘシ

第七條　衆議院議員選擧法施行令第二十八條第一項ノ規定ニ依ル證明書ハ別記樣式ニ準シ之ヲ作成スヘシ

第八條　投票函ハ其ノ閉鎖後開票管理者ニ送致ノ爲ノ外之ヲ投票所外ニ搬出スルコトヲ得ス

第九條　投票錄、衆議院議員選擧法施行令第三十三條ノ顚末書、開票錄及選擧錄ハ別記樣式ニ依リ之ヲ調製スヘシ

第十條　議員候補者ノ屆出若ハ推薦屆出又ハ議員候補者タルコトヲ辭スルコトノ屆出ヲ受理シタルトキハ選擧長ハ直ニ其ノ受理ノ年月日時ヲ屆出書ノ餘白ニ記載スヘシ

第十一條　當選證書ハ別記樣式ニ依リ之ヲ調製スヘシ

第十二條　選擧運動ノ費用ノ精算屆書ハ別記樣式ニ準シ之ヲ作成スヘシ

附　則

本令ハ次ノ總選擧ヨリ之ヲ施行ス

明治三十四年內務省令第二十八號及第二十九號竝大正九年內務省令第二號ハ之ヲ廢止ス

別　記

㊀衆議院議員選擧人名簿樣式（用紙美濃紙）

番號	住居	生年月日	氏名
一	何郡（市）何町（村）大字何（町）何番地	何年何月何日	氏名

番號	住　居	生年月日	氏　名

（備　考）

一名簿ハ大字若ハ小字每ニ區別シテ調製スヘシ但シ一字若ハ數字每ニ分綴スルモ妨ナシ

一決定判決等ニ依リ名簿ヲ修正シタルトキハ其ノ旨修正ノ年月日ヲ欄外ニ記シ官印又ハ職印ヲ押捺スヘシ

一名簿ノ表紙及卷末ニハ左ノ通記載スヘシ

（表紙）

大正何年何月何日現在調
衆議院議員選擧人名簿
何府縣（北海道）何郡（市）何町（村）（大字若ハ小字何々）

（卷末）

此ノ選擧人名簿ハ大正何年何月何日ヨリ何日間何郡市役所何町村役場（何ノ場所）ニ於テ縱覽セシメ大正何年何月何日ヲ以テ確定セリ

官　職　氏　名印

●投票用紙樣式

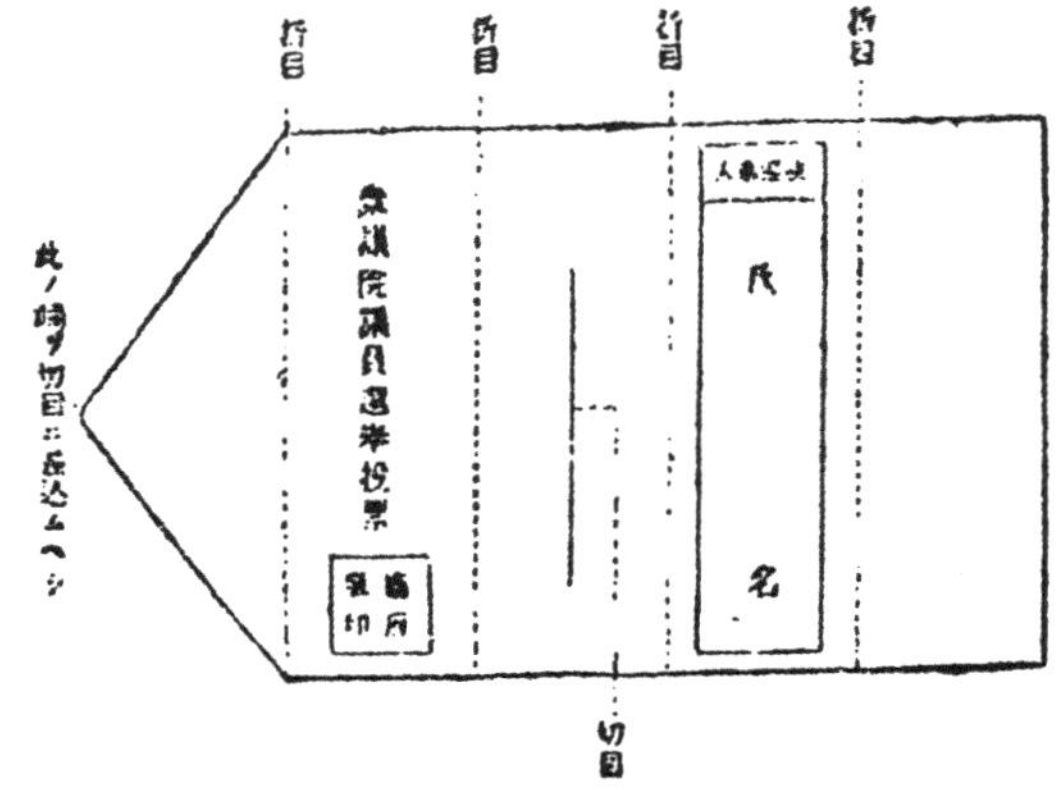

表

裏

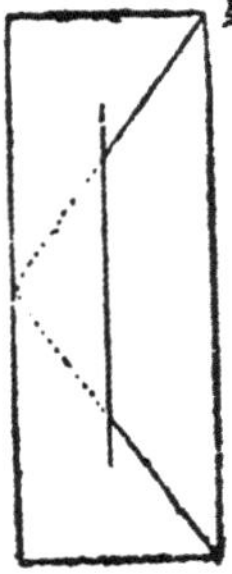

（備考）
用紙ハ折疊ミタル場合ニ於テ外部ヨリ被選擧人ノ氏名ヲ透視シ得サル紙質ノモノヲ用フヘシ

●衆議院議員選擧法第三十一條第三項及第四項ノ規定ニ依ル封筒樣式

表

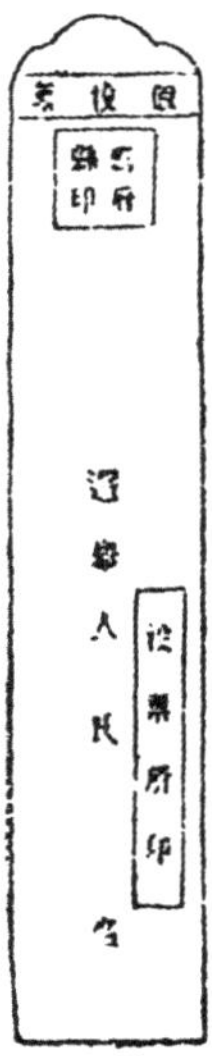

裏

（備考）

投票所印ハ豫メ封筒ニ左ノ印章ヲ押捺シ置キ各投票所ニ於テ投票所名ヲ記入シ之ニ代フルモ妨ナシ

投票所

●衆議院議員選擧法施行令第二十九條ノ規定ニ依ル投票用封筒樣式

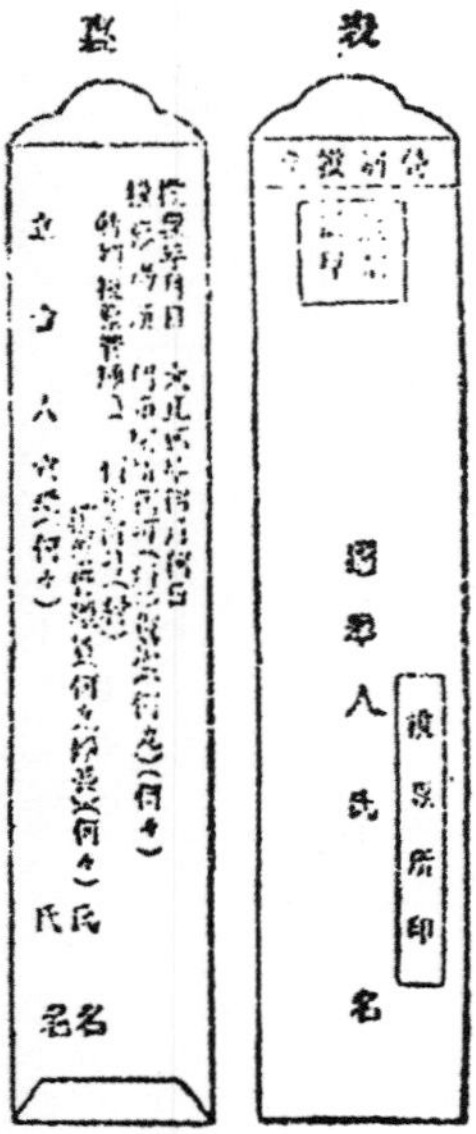

（備考）

投票所印ハ豫メ封筒ニ左ノ印章ヲ押捺シ置キ各投票所ニ於テ投票所名ヲ記入シ之ニ代フルモ妨ナシ

投票所

●衆議院議員選擧法施行令第二十一條第二項及第三項竝第二十九條第二項ノ規定ニ依リ投票用紙又ハ封筒ニ押捺スヘキ點字ナル旨ノ印樣式

點字投票

●投票函樣式

厚仕上凡八步

高凡二尺

幅凡二尺五寸

横凡一尺五寸

但シ大小ハ選擧人ノ多寡ニ應シ適宜ニ之ヲ造ルヘシ

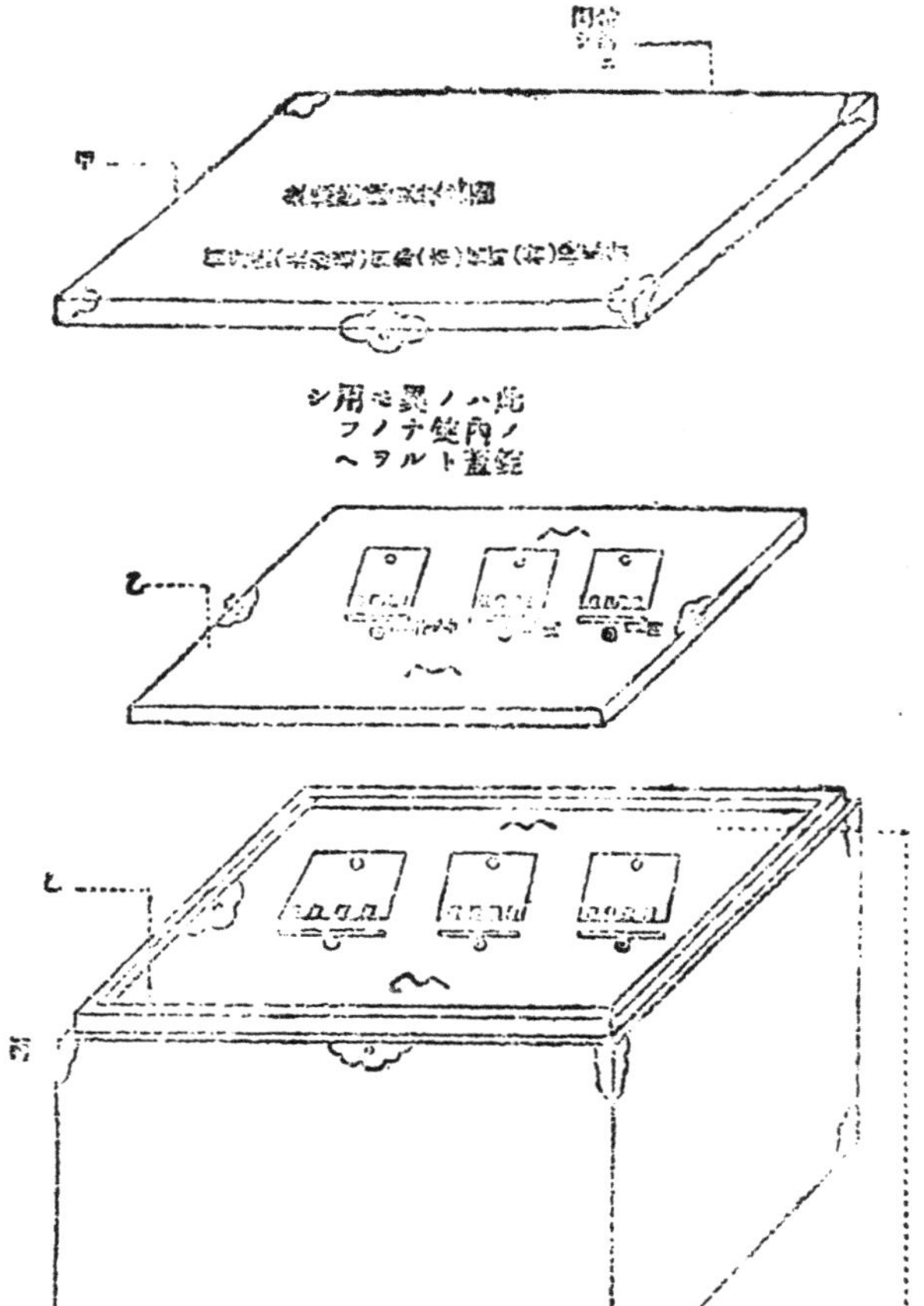

此ノ錠ハ内蓋ノ錠ト異ナルモノヲ用フヘシ

投票口ハ便宜ニ従ヒ一箇又ハ二箇トモ為スモ妨ナシ

此ノ蓋ハ蝶番ニ造リ投票終レハ蓋ヲ為シ錠ヲ卸ス但シ内蓋ノ鑰ハ五箇所共一種ノモノヲ用フ

●立會人ノ屆出書樣式

投票立會人（開票立會人）（選擧立會人）屆

立會人　氏　名

住居　何府縣（北海道）何郡（市）何町（村）大字何（町）何番地

生年月日　何年何月何日

選擧　大正何年何月何日執行ノ衆議院議員選擧

右別紙本人ノ承諾書相添屆出候也

大正何年何月何日

議員候補者　氏　名印

投票管理者（開票管理者）（選擧長）　氏　名宛

●立會人ノ屆出書ニ添付スヘキ承諾書樣式

投票立會人（開票立會人）（選擧立會人）承諾書

大正何年何月何日執行ノ衆議院議員選擧ニ於ケル投票立會人（開票立會人）（選擧立會人）タルコトヲ承諾候也

大正何年何月何日

何府縣（北海道）何郡（市）何町（村）大字何（町）何番地

氏　名印

議院候補者　氏　名宛

●議員候補者ノ屆出樣式

衆議院議員候補者屆

議員候補者　氏　名

職業　何々（官公吏、陸海軍人ニ在リテハ成ル可ク明細ニ記載スルコト）

住　居　何府縣（北海道）何郡（何市）
　　町（村）大字何（町）何番地
生年月日　何年何月何日
選　擧　大正何年何月何日執行ノ衆
　　議院議員選擧
右別紙供託ヲ證スヘキ書面相添立候補屆
出候也
　大正何年何月何日
　　　　氏　名印
選擧長　氏　名宛

●議員候補者ノ推薦屆出書樣式

衆議院議員候補者推薦屆
議員候補者　氏　名
職　業　何々（官公吏、陸海軍人ニ在リテハ成ルヘク明細ニ記載スルコト）
住　居　何府縣（北海道）何郡（市）何
　　町（村）大字何（町）何番地
生年月日　何年何月何日
選　擧　大正何年何月何日執行ノ衆
　　議院議員選擧
推薦屆出者　氏　名
住　居　何府縣（北海道）何郡（市）何
　　町（村）大字何（町）何番地
生年月日　何年何月何日
（推薦屆出者）（氏　名）
（住　居）（何府縣（北海道）何郡
　（市）何町（村）大字何（町）
　何番地）
（生年月日）（何年何月何日）
右別紙供託ヲ證スヘキ書面相添推薦屆出

候也

大正何年何月何日

氏　名印

（氏　名印）

選擧長　氏　名宛

●議員候補者タルコトヲ辭スルコトノ屆出樣式

衆議院議員候補者辭退屆

議員候補者　氏　名

事由　大正何年何月何日華族ノ戸主ト爲リタル爲（何々ノ爲）被選擧權ヲ有セサルニ至リタリ

右辭退屆出候也

大正何年何月何日

議員候補者　氏　名印

選擧長　氏　名宛

（備考）

事由ハ被選擧權ヲ有セサルニ至リタル爲議員候補者タルコトヲ辭スル場合ニ限リ記載スヘシ

●衆議院議員選擧法施行令第二十八條第一項ノ規定ニ依ル證明書樣式

證明書

住居　何府縣（北海道）何郡（市）何町（村）大字何（町）何番地

職業　何々（成ル可ク明細ニ記載スルコト）

選擧人　氏　名

右ハ左ノ事由ニ因リ選擧ノ當日自ラ投票

所ニ至リ投票ヲ爲シ能ハサルヘキ者ナルコトヲ證明ス

大正何年何月何日

官職（何丸船長）（何業務主）

氏　名印

一　大正何年何月何日午前後何時何丸（總噸數何噸）（積石數何石）ニ乘組ミ何港出帆何航路ヲ何地ヘ航海大正何年何月何日午前後何時何港歸著

〔一大正何年何月何日午前後何時何丸（總噸數何噸）（積石數何石）ニ乘組ミ何港出帆何地沖合ニ於テ何々漁業ニ從事シ（何々ニ從事シ）大正何年何月何日午前後何時何港歸著〕

〔一大正何年何月何日午前後何時何驛發何鐵道何線鐵道列車ニ乘務シ大正何年何月何日午前後何時何驛歸著〕

〔一大正何年何月何日午前後何時ヨリ大正何年何月何日迄演習召集（教育召集ノ爲何部隊何々）ニ召集中〕

〔一大正何年何月何日午前後何時何艦船ニ乘組ミ何港出帆何地ヘ航海大正何年何月何日午前後何時何港歸著〕

●投票錄樣式

大正何年何月何日執行

何府縣（北海道）何郡（市）何町（村）衆議院議員投票所投票錄

一　投票所ハ何市役所何町（村）役場（何ノ場所）ニ之ヲ設ケタリ

二　左ノ投票立會人ハ何レモ投票所ヲ開クヘキ時刻迄ニ投票所ニ參會シタリ

住居氏名

住居氏名

投票所ヲ開クヘキ時刻ニ至リ投票立會人中參會スル者三人ニ達セサルニ依リ投票管理者ハ臨時ニ投票區內ニ於ケル選擧人名簿ニ記載セラレタル者ノ中ヨリ左ノ者ヲ投票立會人ニ選任シタリ

住居氏名

三　投票所ハ大正何年何月何日午前七時ニ之ヲ開キタリ

四　投票立會人中氏名ハ一旦參會シタルモ午前後何時何々ノ事故ヲ以テ其ノ職ヲ辭シタル爲其ノ數三人ニ達セサルニ至リタルニ依リ投票管理者ハ臨時ニ投票

區內ニ於ケル選擧人名簿ニ記載セラレタル者ノ中ヨリ午前後何時左ノ者ヲ投票立會人ニ選任シタリ

住居氏名

五　投票管理者ハ投票立會人ト共ニ投票ニ先チ投票所ニ參會シタル選擧人ノ面前ニ於テ投票函ヲ開キ其ノ空虛ナルコトヲ示シタル後內蓋ヲ鎖シ投票管理者及投票立會人ノ列席スル面前ニ之ヲ置キタリ

六　投票管理者及投票立會人ノ面前ニ於テ選擧人ヲ選擧人名簿ニ對照シタル後(到著番號札ト引換ニ)投票用紙ヲ交付シタリ

七　選擧人ハ自ラ投票ヲ認メ之ヲ投票函ニ投入シタリ

八　投票管理者ハ左ノ選擧人ノ本人ナリヤ否ヤヲ確認スルコト能ハサリシヲ以テ投票立會人ノ面前ニ於テ其ノ本人ナル旨ヲ宣言セシメ投票所ノ事務ニ從事スル職氏名ヲシテ之ヲ筆記セシメ之ヲ選擧人ニ讀聞カセ選擧人ヲシテ之ニ署名セシメタリ

住　居　氏　名

投票管理者ハ左ノ選擧人ノ本人ナリヤ否ヤヲ確認スルコト能ハサリシヲ以テ投票立會人ノ面前ニ於テ其ノ本人ナル旨ノ宣言ヲ命シタルモ其ノ宣言ヲ爲ササルニ依リ本人ニ非スト認メ之ヲ投票所外ニ退出セシメタリ

住　居　氏　名

九　左ノ選擧人ハ選擧人名簿ニ登錄ナキモ之ニ登錄セラルヘキ確定判決書ヲ所持シ投票所ニ到リタルニ依リ投票管理者ハ之ヲシテ投票ヲ爲サシメタリ

住　居　氏　名

十　左ノ選擧人ハ衆議院議員選擧法第三十三條ノ投票ノ爲交付ヲ受ケタル投票用紙及投票用封筒ヲ返還シタルニ依リ投票管理者ハ之ヲシテ投票ヲ爲サシメタリ

住　居　氏　名

十一　左ノ選擧人ハ點字ニ依リ投票ヲ爲サムトスル旨ヲ申立タルヲ以テ投票管理者ハ投票用紙ニ點字投票ナル旨ノ印ヲ押捺シテ交付シ投票ヲ爲サシメタリ

住　居　氏　名

十二　左ノ選擧人ハ何々ノ事由ニ因リ投票管理者ニ於テ投票立會人ノ意見ヲ聽キ投票ヲ拒否シタリ

住　居　氏　名

左ノ選擧人ハ何々ノ事由ニ因リ投票管理者ニ於テ投票立會人ノ意見ヲ聽キ投票ヲ拒否スヘキ旨決定シタルモ同選擧人ニ於テ不服ヲ申立テタルヲ以テ（投票立會人氏名ニ於テ異議アリシヲ以テ）假ニ投票ヲ爲サシメタリ

住　居　氏　名

十三　左ノ選擧人ハ何々ノ事由ニ因リ投票管理者ニ於テ投票立會人ノ意見ヲ聽キ點字投票ヲ拒否シタリ

住　居　氏　名

左ノ選擧人ハ何々ノ事由ニ因リ投票管理者ニ於テ投票立會人ノ意見ヲ聽キ點字投票ヲ拒否スヘキ旨決定シタルモ同選擧人ニ於テ不服ヲ申立テタルヲ以テ（投票立會人氏名ニ於テ異議アリシヲ以テ）假ニ點字投票ヲ爲サシメタリ

住　居　氏　名

十四　左ノ選擧人ハ誤リテ投票用紙（封筒）ヲ汚損シタル旨ヲ以テ更ニ之ヲ請求シタルニ依リ共ノ相違ナキヲ認メ之ト引換ニ投票用紙（封筒）ヲ交付シタリ

住　居　氏　名

十五　左ノ選擧人ハ投票所ニ於テ演説討論ヲ爲シ（喧騷ニ渉リ）（投票ニ關シ協議若ハ勸誘ヲ爲シ）（何々ニ因リ）投票所ノ秩序ヲ紊リタルニ依リ投票管理者ニ於テ之ヲ制止シタルモ共ノ命ニ從ハサルヲ以テ投票用紙（到着番號札）ヲ返付セシメ之ヲ投票所外ニ退出セシメタリ

住　居　氏　名

十六　投票管理者ハ投票所外ニ退出ヲ命

シタル左ノ選擧人ニ對シ投票所ノ秩序ヲ紊ルノ虞ナシト認メ投票ヲ爲サシメタリ

住居　氏名

投票管理者ニ於テ投票所外ニ退出ヲ命シタル左ノ選擧人ハ最後ニ入場シテ投票ヲ爲シタリ

住居　氏名

十七　午後六時ニ至リ投票管理者ハ投票所ヲ閉ツヘキ時刻ニ至リタル旨ヲ告ケ投票所ノ入口ヲ鎖シタリ

十八　投票所閉鎖ノ時刻迄ニ投票管理者ノ受ケタル衆議院議員選擧法第三十三條ノ投票左ノ如シ

投票管理者自ラ特別投票管理者トシテ受ケタルモノ　何票

他ノ特別投票管理者ヨリ送致ヲ受ケタルモノ　何票

衆議院議員選擧法施行令第三十二條第四項ノ規定ニ依リ送致ヲ受ケタルモノ　何票

計　何票

投票管理者ハ投票函閉鎖前投票立會人ノ意見ヲ聽キ前記ノ投票ノ受理如何ヲ決定シ更ニ投票用封筒ヲ開披シテ點字投票ニ付其ノ拒否ヲ決定シタリ

投票ヲ受理スヘシト決定シ且點字投票ノ拒否ノ決定ヲ受ケサル何票ハ之ヲ直ニ投函シタリ

左ノ何人ノ投票ハ受理スヘカラスト決定シ又ハ點字投票ノ拒否ノ決定ヲ受ケタルヲ以テ各其ノ投票用封筒ニ入レ假ニ封緘ヲ施シ其ノ表面ニ不受理ノ決定又ハ點字投票ノ拒否ノ決定アリタル旨

ヲ記載シテ之ヲ投函シタリ
不受理ノ決定ヲ受ケタルモノ
住居　氏　名
點字投票ノ拒否ノ決定ヲ受ケタルモノ
住居　氏　名
十九　午後何時投票所ニ在ル選擧人ノ投票結了シタルヲ以テ投票管理者ハ投票立會人ト共ニ投票函ノ內蓋ノ投票口及外蓋鎖シタリ
二十　投票函ヲ閉鎖シタルニ依リ其ノ內蓋ノ鑰ハ投票函ヲ送致スヘキ左ノ投票立會人之ヲ保管シ外蓋ノ鑰ハ投票管理者之ヲ保管ス
氏　名
廿一　投票函、投票錄及選擧人名簿ヲ開票管理者ニ送致スヘキ投票立會人左ノ如シ
氏　名
廿二　左ノ何人ハ投票所ノ事務ニ從事シタリ
職　氏　名
職　氏　名
廿三　投票所ニ臨監シタル官吏左ノ如シ
官　職　氏　名
廿四　選擧人名簿ニ記載セラレタル者ノ總數　何　人
廿五　投票ヲ爲シタル選擧人ノ總數　何　人
內
選擧人名簿ニ記載セラレタル選擧人ニシテ投票ヲ爲シタル者　何　人
內
衆議院議員選擧法第三十三條ノ投票ヲ爲シタル者　何　人

確定判決書ニ依リ投票ヲ爲シタル者　何人
投票拒否ノ決定ヲ受ケタル者ノ總數　何人
内
假ニ投票ヲ爲サシメタル者　何人
内
衆議院議員選擧法第三十三條ノ投票中受理スヘカラスト決定セラレタル投票ヲ爲シタル者　何人

投票管理者ハ此ノ投票錄ヲ作リ之ヲ朗讀シタル上投票立會人ト共ニ茲ニ署名ス

大正何年何月何日

投票管理者　職氏名

投票立會人　氏名
氏名
氏名

(備考)
樣式ニ掲クル事項ノ外投票管理者ニ於テ投票ニ關シ緊要ト認ムル事項アルトキハ之ヲ記載スヘシ

●衆議院議員選擧施行法令第三十三條ノ顚末書

樣式

何府縣(北海道)何郡(市)何町(村)衆議院議員投票區衆議院議員選擧法施行令第三十三條ノ顚末書

一　左ノ選擧人ハ衆議院議員選擧法施行令第二十六條乃至第二十八條ノ規定ニ

依リ投票用紙及投票用封筒ノ交付ヲ請求シタルニ依リ該當事項アリト認メ之ヲ交付シタリ

住居　氏　名

請　求　大正何年何月何日

事　由　何丸船內從業中（何鐵道何線鐵道列車乘務中）（何何）

證明書　官職氏名ノ證明書

交　付　大正何年何月何日

住　居　氏　名

請　求　大正何年何月何日

事　由　演習召集中

證明書　召集令狀ヲ提示シ證明書ノ提出ニ代フ

交　付　大正何年何月何日

住　居　氏　名

請　求　大正何年何月何日

事　由　何丸船內從業中

證明書　何々ノ事由ニ因リ證明書ヲ提出スルコト能ハサル旨ヲ疏明ス

交　付　大正何年何月何日

計　何　人

二　左ノ選擧人ハ點字ニ依リ投票ヲ爲サムトスル旨ヲ申立テタルヲ以テ投票用紙ニ點字投票ナル旨ノ印ヲ押捺シテ交付又ハ發送シタリ

住居　氏　名

三　左ノ選擧人ハ投票用紙及投票用封筒ノ交付ヲ請求シタルモ之ヲ拒絕シタリ

住居　氏　名

請　求　大正何年何月何日

事　由　何鐵道何線鐵道列車乘務

中

證明書　提出セス

拒絶　大正何年何月何日

拒絶事由　正當ノ事由ナク證明書ヲ提出セス

住居氏名

請求　大正何年何月何日

事由　何々

證明書　官職氏名ノ證明書

拒絶　大正何年何月何日

拒絶事由　選擧人名簿ニ登錄セラレス（何々）

計　何人

四　投票管理者ニ於テ自ラ特別投票管理者トシテ受ケタル投票左ノ如シ

大正何年何月何日受

住居氏名

大正何年何月何日受

住居氏名

計　何票

五　投票管理者ニ於テ投票所ヲ閉ツヘキ時刻迄ニ送致ヲ受ケタル投票左ノ如シ

特別投票管理者何府縣（北海道）何郡（市）何町（村）投票管理者送致

大正何年何月何日受

住居氏名

特別投票管理者何丸船長送致

大正何年何月何日受

住居氏名

何府縣（北海道）何郡（市）何町（村）投票管理者送致

大正何年何月何日受

住居氏名

計　　何票

六　左ノ選擧人ハ交付ヲ受ケタル投票用紙及投票用封筒ヲ返還シタリ

大正何年何月何日返還　住居　氏　名

大正何年何月何日返還　住居　氏　名

計　　何　人

投票管理者ハ比ノ顚末書ヲ作リ玆ニ署名ス

大正何年何月何日

投票管理者

職　氏　名

（備　考）

様式ニ掲クル事項ノ外投票管理者ニ於テ衆議院議員選擧法第三十三條ノ投票ニ關シ緊要ト認ムル事項アルトキハ之ヲ記載スヘシ

●開票錄樣式

大正何年何月何日執行　何府縣（北海道）何郡（市）衆議院議員開票所開票錄

一　開票所ハ何郡（市）役所（何ノ場所）ニ之ヲ設ケタリ

二　左ノ開票立會人ハ何レモ開票所ヲ開クヘキ時刻迄ニ參會シタリ

住居　氏　名

住居　氏　名

開票所ヲ開クヘキ時刻ニ至リ開票立會人中參會スル者三人ニ達セサルニ依リ開票管理者ハ臨時ニ開票區內ニ於ケル選擧人名簿ニ記載セラレタル者ノ中ヨリ左ノ者ヲ開票立會人ニ選任シタリ

住　居　氏　名

三　大正何年何月何日開票管理者ハ總テノ投票函ノ送致ヲ受ケタルヲ以テ其ノ翌何日午前／後何時ニ開票所ヲ開キタリ

四　開票立會人中氏名ハ一旦參會シタルモ午前／後何時何々ノ事故ヲ以テ其ノ職ヲ辭シタル爲其ノ數三人ニ達セサルニ至リタルニ依リ開票管理者ハ臨時ニ開票區内ニ於ケル選擧人名簿ニ記載セラレタル者ノ中ヨリ午前／後何時左ノ者ヲ開票立會人ニ選任シタリ

住　居　氏　名

五　開票管理者ハ開票立會人立會ノ上逐次投票函ヲ開キ投票ノ總數ト投票人ノ總數トヲ計算シタルニ左ノ如シ

投票總數　何　票

投票人總數　何　人

外

假ニ爲シタル投票數　何　票

假ニ爲シタル投票人數　何　人

右投票區別内譯左ノ如シ

何町（村）投票區（何市何々投票區）

投票數　何　票

投票人數　何　人

外

假ニ爲シタル投票數　何　票

假ニ爲シタル投票人數　何　人

（投票數ト投票人數ト符合セス即チ投票數ハ投票人數ニ比シ何票多シ（少シ）（其ノ理由ノ明カナルモノハ之ヲ記載スヘシ））

何町（村）投票區（何市何々投票區）

、、、　、、

六 投票管理者ヨリ拒否ノ決定ヲ受ケタル者ニシテ假ニ投票ヲ爲シタル者左ノ如シ

住居 氏名

住居 氏名

開票管理者ハ右ノ投票ヲ調査シ開票立會人ノ意見ヲ聽キ左ノ通之ヲ決定セリ

受理セシモノ

一事由何々 住居 氏名

一事由何々 住居 氏名

受理セサリシモノ

一事由何々 住居 氏名

七 開票管理者ハ投票函每ニ假ニ爲シタル投票ニシテ受理スヘキモノト決定シタル投票ノ封筒ヲ開披シタル上總テノ投票ヲ混同シ開票立會人ト共ニ之ヲ點檢シタリ

八 開票事務ニ從事スル官職氏名及官職氏名ノ二人ハ各別ニ同一議員候補者ノ得票數ヲ計算シタリ

九 開票管理者ニ於テ開票立會人ノ意見ヲ聽キ有效又ハ無效ト決定シタル投票左ノ如シ

一有效ト決定シタルモノ 何票

一無效ト決定シタルモノ 何票

内

一 成規ノ用紙ヲ用ヒサルモノ 何票

二 議員候補者ニ非サル者ノ氏名ヲ記載シタルモノ 何票

三 、、、、、、、、 何票

總計 何票

右投票區別內譯左ノ如シ

何町（村）投票區（何市何々投票區）

一有效ト決定シタルモノ　何票

一無效ト決定シタルモノ　何票

内

一　成規ノ用紙ヲ用ヒサルモノ　何票

二　議員候補者ニ非サル者ノ氏名ヲ記載シタルモノ　何票

三　、、、、、、、、、、何票

計　何票

何町（村）投票區（何市何々投票區）

一、、、、、、、、、、、、

一、、、、、、、、、、、、

十　午前／午後何時投票ノ點檢ヲ終リタルヲ以テ開票管理者ハ投票區毎ニ各議員候補者ノ得票數ヲ朗讀シ終リニ其ノ得票總數ヲ朗讀シタリ

十一　各議員候補者ノ得票數左ノ如シ

何票　氏名

内

何町（村）投票區（何市何々投票區）　何票

何町（村）投票區（何市何々投票區）　何票

何票　氏名

内

何町（村）投票區（何市何々投票區）　何票

何町（村）投票區（何市何々投票區）　何票

十二　開票管理者ハ投票區毎ニ點檢濟ニ係ル投票ノ有效無效及受理スヘカラス

ト決定シタル投票ヲ大別シ尚有效ノ決定アリタル投票ニ在リテハ得票者毎ニ之ヲ區別シ無效ノ決定アリタル投票ニ在リテハ之ヲ類別シ各之ヲ一括シ更ニ有效無效及受理スヘカラスト決定シタル投票別ニ之ヲ封筒ニ入レ開票立會人ト共ニ封印ヲ施シタリ

十三　午前/午後何時開票ノ事務ヲ結了ス

十四　左ノ何人ハ開票所ノ事務ニ從事シタリ

官職　氏名

官職　氏名

十五　開票所ニ臨監シタル官吏左ノ如シ

官職　氏名

開票管理者ハ此ノ開票錄ヲ作リ之ヲ朗讀シタル上開票立會人ト共ニ茲ニ署名ス

大正何年何月何日

開票管理者

官職　氏名

開票立會人

氏名

氏名

氏名

（備考）

樣式ニ掲クル事項ノ外開票管理者ニ於テ開票ニ關シ緊要ト認ムル事項アルトキハ之ヲ記載スヘシ

●選擧錄樣式ノ一

大正何年何月何日　何府縣（北海道）

開　會

（第何區）衆議院議員選擧會選擧錄

一　選擧會場ハ何府縣廳何郡（市）役所（何ノ場所）ニ之ヲ設ケタリ

二　左ノ選擧立會人ハ何レモ選擧會ヲ開クヘキ時刻迄ニ選擧會ニ參會シタリ

　　住居　氏名

　　住居　氏名

選擧會ヲ開クヘキ時刻ニ至リ選擧立會人中參會スル者三人ニ達セサルニ依リ選擧長ハ臨時ニ選擧區內ニ於ケル選擧人名簿ニ記載セラレタル者ノ中ヨリ左ノ者ヲ選擧立會人ニ選任シタリ

　　住居　氏名

三　大正何年何月何日選擧長ハ總テノ開票管理者ヨリ報告ヲ受ケタルヲ以テ其ノ當日(翌何日)午前後何時ニ選擧會ヲ開キタリ

四　選擧立會人中氏名ハ一旦參會シタルモ午前後何時何々ノ事故ヲ以テ其ノ職ヲ辭シタル爲其ノ數三人ニ達セサルニ至リタルニ依リ選擧長ハ臨時ニ選擧區內ニ於ケル選擧人名簿ニ記載セラレタル者ノ中ヨリ午前後何時左ノ者ヲ選擧立會人ニ選任シタリ

　　住居　氏名

五　選擧長ハ選擧立會人立會ノ上逐次開票管理者ノ報告ヲ調査シ開票區每ニ議員候補者ノ氏名及其ノ得票數ヲ朗讀シ終リニ各議員候補者ノ得票總數ヲ朗讀シタリ

六　各議員候補者ノ得票數左ノ如シ

　　何票　氏名

　　何票　氏名

　　何票　氏名

七　議員定數何人ヲ以テ有效投票ノ總數何票ヲ除シテ得タル數ハ何票ニシテ此ノ四分ノ一ノ數ハ何票ナリ

議員候補者中其ノ得票數此ノ數ニ達スル者左ノ如シ

何　票　氏　名

何　票　氏　名

右ノ内有效投票ノ最多數ヲ得タル左ノ何人ヲ以テ當選人トス

氏　名

氏　名

但シ氏名及氏名ハ得票ノ數相同シキニ依リ其ノ年齢ヲ調査スルニ氏名ハ何年何月何日生、氏名ハ何年何月何日生ニシテ氏名年長者ナルヲ以テ氏名ヲ以テ當選人ト定メタリ（同年月日ナルヲ以テ選擧長ニ於テ抽籤シタルニ氏名當選セリ依テ氏名ヲ以テ當選人ト定メタリ）

八　議員定數何人ヲ以テ有效投票ノ總數

何票ヲ除シテ得タル數ハ何票ニシテ此ノ十分ノ一ノ數ハ何票ナリ

議員候補者中其ノ得票數此ノ數ニ達セサル者左ノ如シ

何　票　氏　名

何　票　氏　名

九　午前／午後何時選擧會ノ事務ヲ結了ス

十　左ノ何人ハ選擧會ノ事務ニ從事シタリ

官　職　氏　名

官　職　氏　名

十一　選擧會ニ臨監シタル官吏左ノ如シ

官　職　氏　名

選擧長ハ此ノ選擧錄ヲ作リ之ヲ朗讀シタル上選擧立會人ト共ニ茲ニ署名ス

大正何年何月何日

選擧長

官職　氏　名
選擧立會人　氏　名
氏　名
氏　名

（備考）
様式ニ掲クル事項ノ外選擧長ニ於テ選擧會ニ關シ緊要ト認ムル事項アルトキハ之ヲ記載スヘシ

●選擧錄樣式ノ二

大正何年何月何日　何府縣（北海道）
開會

（第何區）衆議院議員選擧會選擧錄

一　選擧會場ハ何府縣廳何郡（市）役所（何ノ場所）ニ之ヲ設ケタリ

二　左ノ選擧立會人ハ何レモ選擧會ヲ開クヘキ時刻迄ニ選擧會ニ參會シタリ
住居　氏　名
住居　氏　名
選擧會ヲ開クヘキ時刻ニ至リ選擧立會人中參會スル者三人ニ達セサルニ依リ選擧長ハ臨時ニ選擧區内ニ於ケル選擧人名簿ニ記載セラレタル者ノ中ヨリ左ノ者ヲ選擧立會人ニ選任シタリ
住居　氏　名

三　届出アリタル議員候補者ノ數何人ニシテ選擧スヘキ議員ノ數何人ヲ超エサル爲投票ヲ行ハサルコト大正何年何月何日確定シタルヲ以テ大正何年何月何日午前後何時ニ選擧會ヲ開キタリ

四　選擧立會人中氏名ハ一旦參會シタルモ午前後何時何々ノ事故ヲ以テ其ノ職ヲ

辭シタル爲其ノ數三人ニ達セサルニ至リタルニ依リ選擧長ハ臨時ニ選擧區內ニ於ケル選擧人名簿ニ記載セラレタル者ノ中ヨリ午前/午後何時左ノ者ヲ選擧立會人ニ選任シタリ

住居　氏　名

五　屆出アリタル議員候補者ノ氏名左ノ如シ

氏　名

氏　名

氏　名

六　選擧長ハ選擧立會人ノ意見ヲ聽キ議員候補者ノ被選擧權ノ有無ヲ決定シタリ

有リト決定シタル者

氏　名

氏　名

無シト決定シタル者

一事由何々　氏　名

七　選擧スヘキ議員ノ數何人ニシテ被選擧權有リト決定シタル議員候補者ノ數何人ナリ依テ左ノ何人ヲ以テ當選人ト定ム

氏　名

氏　名

八　午前/午後何時選擧會ノ事務ヲ結了ス

九　左ノ何人ハ選擧會ノ事務ニ從事シタリ

官職　氏　名

官職　氏　名

十　選擧會ニ臨監シタル官吏左ノ如シ

官職　氏　名

選擧長ハ此ノ選擧錄ヲ作リ之ヲ朗讀シタル上選擧立會人ト共ニ茲ニ署名ス

大正何年何日何日

選擧長　官職　氏　名

選擧立會人　氏　名

氏　名

氏　名

（備考）

樣式ニ掲クル事項ノ外選擧長ニ於テ選擧會ニ關シ緊要ト認ムル事項アルトキハ之ヲ記載スヘシ

●當選證書樣式

（用紙鳥ノ子四ツ切）

衆議院議員當選證書

住居　氏　名

右何府縣（北海道）（第何區）ニ於テ衆議院議員ニ當選シタルコトヲ證ス

大正何年何月何日

地方長官　氏　名印

●選擧運動ノ費用ノ精算屆書樣式

選擧運動費用精算屆

何府縣（北海道）（第何區）

議員候補者　氏　名

前記議員候補者ノ大正何年何月何日執行衆議院議員選擧（衆議院議員選擧再投票）ニ於ケル選擧運動ノ費用精算ノ結果左記ノ通

相違無之依テ衆議院議員選擧法第百六條ニ依リ屆出候也

大正何年何月何日

選擧事務長　氏　名印

地方長官(警視總監)宛

記

一支出總額　金何圓何錢

(一)選擧事務長ノ支出シタル額　金何圓何錢

(二)選擧事務長ノ承諾ヲ得テ支出シタル額　金何圓何錢

內

議員候補者ノ支出シタル額　金何圓何錢

選擧委員ノ支出シタル額　金何圓何錢

選擧事務員ノ支出シタル額

(三)議員候補者、選擧事務長、選擧委員又ハ選擧事務員ニ非サル者ノ支出シタル額　金何圓何錢

內

議員候補者ト意思ヲ通シテ支出シタル額　金何圓何錢

選擧事務長ト意思ヲ通シテ支出シタル額　金何圓何錢

(四)立候補準備ノ爲ニ支出シタル額　金何圓何錢

一支出明細

(一)報酬　金何圓何錢

選擧事務員　金何圓何錢

何某へ　金何圓何錢

何某へ　金何圓何錢

傭人　金何圓何錢

何某へ　金何圓何錢
何某へ　金何圓何錢
(二)家屋費　金何圓何錢
選擧事務所　金何圓何錢
何選擧事務所　金何圓何錢
何選擧事務所　金何圓何錢
集會會場　金何圓何錢
何集會會場　金何圓何錢
何集會會場　金何圓何錢
(三)通信費　金何圓何錢
郵便料　金何圓何錢
電報料　金何圓何錢
電話料　金何圓何錢
其ノ他　金何圓何錢
(四)船馬車賃　金何圓何錢
汽車賃　金何圓何錢
電車賃　金何圓何錢

自動車賃　金何圓何錢
馬車賃　金何圓何錢
人力車賃　金何圓何錢
船賃　金何圓何錢
其ノ他　金何圓何錢
(五)印刷費　金何圓何錢
(六)廣告費　金何圓何錢
(七)筆墨紙費　金何圓何錢
(八)休泊費　金何圓何錢
(九)飲食物費　金何圓何錢
(十)雜費　金何圓何錢
計　金何圓何錢
一　實費辨償　金何圓何錢
(一)選擧事務長　金何圓何錢
(二)選擧委員　金何圓何錢
何某へ　金何圓何錢
何某へ　金何圓何錢

(三)選擧事務員　　金何圓何錢
何某へ　　金何圓何錢
何某へ　　金何圓何錢
(四)傭　人　　金何圓何錢
何某へ　　金何圓何錢
何某へ　　金何圓何錢

(備　考)

一　衆議院議員選擧法第三十七條ノ規定ニ依リ投票ヲ行フ場合ニ於テハ別ニ精算屆書ヲ作成スヘシ

二　精算ノ屆出ハ最後ニ選擧事務長ノ職ニ在リタル者ヨリ之ヲ爲スヘシ

三　實費辨償ノ項ニハ支出明細ノ項ニ記載シタルモノノ中實費辨償ニ係ルモノヲ重ネテ記載スヘシ

●大正十四年法律第四十七號衆議院議員選擧法第百條ニ依リ選擧運動ノ爲頒布シ又ハ掲示スル文書圖畫ノ制限ニ關スル件

(大正十五年二月三日内務省令第五號)
改正(昭和四年二月省令第三號)

選擧運動ノ爲ニスル文書圖畫ニ關スル件

第一條　選擧運動ノ爲文書圖畫(信書ヲ除ク以下之ニ同シ)ヲ頒布シ又ハ掲示スル者ハ表面ニ其ノ氏名及住居ヲ記載スヘシ但シ名刺及選擧事務所ニ掲示スルモノニ付テハ此ノ限ニ在ラス

第二條 選擧運動ノ爲頒布スル引札ハ二度刷又ハ二色以下トシ長一尺幅七寸ヲ超ユルコトヲ得ス

選擧運動ノ爲使用スル名刺ノ用紙ハ白色ノモノニ限ル

第三條 選擧運動ノ爲使用スル立札、看板ノ類ハ議員候補者一人ニ付通シテ百五十箇以內トシ白色ニ黑色ヲ用ヒタルモノニ限リ且縱九尺横二尺ヲ超ユルコトヲ得ス

第四條 選擧運動ノ爲使用スル立札、看板ノ類ハ選擧事務所ヲ設ケタル入口ヨリ三町以內ノ區域ニ於テ之ヲ頒布シ又ハ揭示スルコトヲ得ス

第五條（削除）

第六條 選擧運動ノ爲ニスル文書圖畫ハ航空機ニ依リ之ヲ頒布スルコトヲ得ス

第七條 選擧運動ノ爲ニスル文書圖畫ハ立札看板ノ類ヲ除ク外之ヲ貼付シ又ハ揭示スルコトヲ得ス但シ演說會ノ爲ニスル張札ニシテ其ノ會場ニ於テ使用スルモノニ付テハ此限ニ在ラス

選擧運動ノ爲ニスル立札、看板類ハ承諾ヲ得スシテ他人ノ土地又ハ工作物ニ之ヲ揭示スルコトヲ得ス

●衆議院議員選擧法施行令第二十六條第四號ニ揭クル事由ニ關スル證明ノ件

（大正十五年二月三日 陸軍省令第一號）

衆議院議員選擧法施行令第二十六條第四號ニ揭クル事由ニ關スル證明ハ當該聯隊長又

ハ獨立隊長（分屯スル歩兵大隊ノ長ヲ含ム）ニ於テ之ヲ爲スヘシ

附　則

本令ハ次ノ總選擧ヨリ之ヲ施行ス

●選擧無料郵便規則

（大正十五年二月三日遞信省令第四號）

選擧無料郵便規則

第一條　衆議院議員選擧法施行令第七十三條ノ通常郵便物（以下選擧無料郵便物ト稱ス）ノ差出人ハ選擧區内ニ在ル集配事務ヲ取扱フ郵便官署中一局ヲ差出郵便官署ト定メ最初ノ差出期日ノ前日迄（衆議院議員選擧法第六十七條第三項ノ事由ニ該當スル場合ハ當日迄）ニ選擧事務長ト連署シ左ノ事項ヲ記載シタル屆書ヲ當該差出郵便官署ニ提出スヘシ

一　差出郵便官署名
二　郵便物ノ種類及其ノ通數
三　差出期日
四　議員候補者ノ氏名

前項ノ場合ニ於テ衆議院議員選擧法第九十九條第二項等ノ事由ニ該當シ差出人二人アルトキト雖同一郵便官署ヲ差出郵便官署ト定メ連署ヲ以テ其ノ屆書ヲ提出スヘシ

第一項第二號及第三號ノ事項ヲ變更シタルトキハ直ニ前二項ノ例ニ依リ其ノ旨差出郵便官署ニ屆出ツヘシ

差出郵便官署ハ之ヲ變更スルコトヲ得ス

第二條　前條ノ場合ニ於テ選擧無料郵便物ノ差出人ハ選擧事務長ノ選任（議員候補者又ハ推薦屆出者自ラ選擧事務長ト爲リ

タル場合ヲ含ム以下之ニ同シ）ヲ爲シタル者ナル旨ヲ證明シタル文書ヲ屆書ニ添附スヘシ但シ選擧事務長ノ選任ヲ爲シタル推薦屆出者死亡其ノ他ノ事由ニ因リ選擧無料郵便物ヲ差出スコトヲ得サル爲議員候補者差出人ト爲リタルモノナルトキハ其ノ旨屆書ニ附記シ且該推薦屆出者カ選擧事務長ノ選任ヲ爲シタル者ナル旨ヲ證明シタル文書ヲ添附スヘシ

第三條　第一條ノ屆出ヲ爲シタル後差出人ニ異動アルトキハ新ニ差出人ト爲リタル者ハ選擧事務長ト連署シ直ニを差出郵便官署ニ其ノ旨屆出ツヘシ此ノ場合ニ於テハ前條ノ規定ヲ準用ス

前項ノ場合ニ於テハ前ノ差出人ノ提出シタル屆書ハ新ニ差出人ト爲リタル者ノ提出シタルモノト看做ス第七條第一項但書ノ規定ニ依リ受ケタル承認ニ付亦同シ

第四條　選擧無料郵便物ニハ其ノ表面左方上部ニ「選擧」ト表示スヘシ

前項ノ表示ナキ郵便物ハ之ヲ有料郵便物トシテ取扱フ

第五條　選擧無料郵便物ニハ其ノ差出人カ第一條ノ規定ニ依リ屆書ヲ爲シタル議員候補者ニ非サル者ノ選擧運動ノ爲ニスル事項ヲ記載スルコトヲ得ス

第六條　選擧無料郵便物ハ市（東京、大阪、京都及名古屋ノ各地ニ在リテハ區以下之ニ同シ）町村毎ニ同文タルコトヲ要ス

第七條　同一市町村內ニ配達スヘキ選擧無料郵便物ハ之ヲ取纏メ一回ニ差出スコトヲ要ス但シ別ニ告示スル市町村內ニ配達スヘキモノニ付テハ差出郵便官署ノ承認ヲ受ケ之ヲ小區域ニ分チ各區域毎ニ差出

スコトヲ妨ケス

前項ノ規定ニ依リ選擧無料郵便物ヲ差出シタルトキハ該市町村（小區域ニ分チタルモノナルトキハ其ノ區域以下之ニ同シ）内ニ在ル各選擧人ニ付之ヲ差出シタルモノト看做ス

第八條 選擧無料郵便物ハ郵便官署ノ指示ニ從ヒ其ノ種類、通數等ヲ記載シタル郵送票ヲ添ヘ市町村別ニ把束シ之ヲ差出スヘシ

前項ノ場合ニ於テハ差出郵便物ノ内容ヲ異ニスルモノ毎ニ其ノ見本一箇ヲ提出スヘシ

第九條 選擧無料郵便物ニハ通信日附印ヲ押捺セス

第十條 衆議院議員選擧法第百四十條第一項並衆議院議員選擧法施行令第七十三條

及第七十四條ニ規定スル條件ヲ具備セサル郵便物ヲ選擧無料郵便物トシテ差出シタルトキハ之ヲ差出人ニ還付シ差出人ヨリ不納額ノ二倍ヲ徵收ス本規則第五條又ハ第六條ノ規定ニ違背シタルトキモ亦同シ

第十一條 選擧無料郵便物ニ關シテハ本令ニ定ムルモノヲ除クノ外一般ノ規定ニ依ル

附　則

本令ハ大正十五年勅令第三號衆議院議員選擧法施行令施行ノ日ヨリ之ヲ施行ス

昭和五年一月五日印刷
昭和五年一月十日發行
昭和五年一月廿日再版發行

市制町村制

定價金參拾錢
送料二錢

不許複製

編輯者　法曹閣編輯部

東京市淺草區福井町一丁目一番地
發行者　池村康男

東京市淺草區福井町一丁目廿七番地
印刷者　大島豊作

東京市淺草區福井町一丁目一番地
發行所　松陽堂
振替　東京六一三三
長野三五三一
電話淺草四〇八一番

地方自治法研究復刊大系〔第255巻〕

現行 市制町村制 並 議員選挙法規〔昭和5年 再版〕

日本立法資料全集 別巻 1065

2018(平成30)年9月25日　復刻版第1刷発行　7665-7:012-010-005

編　輯　法　曹　閣
発行者　今　井　貴
　　　　稲　葉　文　子
発行所　株式会社信山社

〒113-0033 東京都文京区本郷6-2-9-102東大正門前
Ⓣ03(3818)1019　Ⓕ03(3818)0344
来栖支店〒309-1625 茨城県笠間市来栖2345-1
Ⓣ0296-71-0215　Ⓕ0296-72-5410
笠間才木支店〒309-1611 笠間市笠間515-3
Ⓣ0296-71-9081　Ⓕ0296-71-9082
印刷所　ワイズ書籍
製本所　カナメブックス
用　紙　七　洋　紙　業

Printed in Japan　分類 323.934 g 1065

ISBN978-4-7972-7665-7 C3332 ¥28000E

広中俊雄 編著　〔協力〕大村敦志・岡孝・中村哲也

日本民法典資料集成

第一巻　民法典編纂の新方針

【目　次】

来栖三郎著作集I〜III

《解説》安達三季生・池田恒男・岩城謙二・清水誠・須永醇・瀬川信久・田島裕・利谷信義・唄孝一・久留都茂子・三藤邦彦・山田卓生

◆穂積重遠

法教育著作集

われらの法

全3集　【解題】大村敦志

■第1集　法　学

◇第1巻『法学通論(全訂版)』／◇第2巻『私たちの憲法』／◇第3巻『百万人の法律学』／◇第4巻『法律入門―NHK教養大学―』／◇正義と識別と仁愛　附録―英国裁判傍聴記／【解題】(大村敦志)

■第2集　民　法

◇第1巻『新民法読本』／◇第2巻『私たちの民法』／◇第3巻『わたしたちの親族・相続法』／◇第4巻『結婚読本』／【解題】(大村敦志)

■第3集　有閑法学

◇第1巻『有閑法学』／◇第2巻『続有閑法学』／◇第3巻『聖書と法律』／【解題】(大村敦志)

◆フランス民法

日本における研究状況

大村敦志　著

信山社

日本立法資料全集 別巻

地方自治法研究復刊大系

東京市会先例彙輯〔大正11年6月発行〕／八田五三 編纂
市町村国税事務取扱手続〔大正11年8月発行〕／広島財務研究会 編纂
自治行政資料 斗米遺粒〔大正12年6月発行〕／樫田三郎 著
市町村大字読方名彙 大正12年度版〔大正12年6月発行〕／小川琢治 著
地方自治制要義 全〔大正12年7月発行〕／末松偕一郎 著
北海道市町村財政便覧 大正12年初版〔大正12年8月発行〕／川西輝昌 編纂
東京市政論 大正12年初版〔大正12年12月発行〕／東京市政調査会 編輯
帝国地方自治団体発達史 第3版〔大正13年3月発行〕／佐藤亀齢 編輯
自治制の活用と人 第3版〔大正13年4月発行〕／水野錬太郎 述
改正 市制町村制逐條示解〔改訂54版〕第一分冊〔大正13年5月発行〕／五十嵐鑛三郎 他 著
改正 市制町村制逐條示解〔改訂54版〕第二分冊〔大正13年5月発行〕／五十嵐鑛三郎 他 著
台湾 朝鮮 関東州 全国市町村便覧 各学校所在地 第一分冊〔大正13年5月発行〕／長谷川好太郎 編纂
台湾 朝鮮 関東州 全国市町村便覧 各学校所在地 第二分冊〔大正13年5月発行〕／長谷川好太郎 編纂
市町村特別税之栞〔大正13年6月発行〕／三邊長治 序文 水谷平吉 著
市制町村制実務要覧〔大正13年7月発行〕／梶康郎 著
正文 市制町村制 並 附属法規〔大正13年10月発行〕／法曹閣 編輯
地方事務叢書 第三編 市町村公債 第3版〔大正13年10発行〕／水谷平吉 著
市町村大字読方名彙 大正14年度版〔大正14年1月発行〕／小川琢治 著
通俗財政経済体系 第五編 地方予算と地方税の見方〔大正14年1月発行〕／森田久 編輯
市制町村制実例総覧 完 大正14年第5版〔大正14年1月発行〕／近藤行太郎 主纂
町村会議員選挙要覧〔大正14年3月発行〕／津田東璋 著
実例判例文例 市制町村制総覧〔第10版〕第一分冊〔大正14年5月発行〕／法令研究会 編纂
実例判例文例 市制町村制総覧〔第10版〕第二分冊〔大正14年5月発行〕／法令研究会 編纂
町村制要義〔大正14年7月発行〕／若槻禮次郎 題字 尾崎行雄 序文 河野正義 述
地方自治之研究〔大正14年9月発行〕／及川安二 編輯
市町村 第1年合本 第1号-第6号〔大正14年12月発行〕／帝國自治研究会 編輯
市制町村制 及 府県制〔大正15年1月発行〕／法律研究会 著
農村自治〔大正15年2月発行〕／小橋一太 著
改正 市制町村制示解 全 附録〔大正15年5月発行〕／法曹研究会 著
市町村民自治読本〔大正15年6月発行〕／武藤榮治郎 著
改正 地方制度輯覧 改訂増補第33版〔大正15年7月発行〕／良書普及会 編著
市制町村制 及 関係法令〔大正15年8月発行〕市町村雑誌社 編輯
改正 市町村制義解〔大正15年9月発行〕／内務省地方局 安井行政課長 校閲 内務省地方局 川村芳次 著
改正 地方制度解説 第6版〔大正15年9月発行〕／挟間茂 著
地方制度之栞 第83版〔大正15年9月発行〕／湯澤睦雄 著
改訂増補 市制町村制逐條示解〔改訂57版〕第一分冊〔大正15年10月発行〕／五十嵐鑛三郎 他 著
実例判例 市制町村制釈義 大正15年再版〔大正15年9月発行〕／梶康郎 著
改訂増補 市制町村制逐條示解〔改訂57版〕第二分冊〔大正15年10月発行〕／五十嵐鑛三郎 他 著
註釈の市制と町村制 附 普通選挙法 大正15年初版〔対照5年11月発行〕／法律研究会 著
実例町村制 及 関係法規〔大正15年12月発行〕自治研究会 編纂
改正 地方制度通義〔昭和2年6月発行〕／荒川五郎 著
逐条示解 地方税法 初版〔昭和2年9月発行〕／自治館編輯局 編著
註釈の市制と町村制 附 普通選挙法〔昭和3年1月発行〕／法律研究会 著
註釈の市制と町村制 施行令他関連法収録〔昭和4年4月発行〕／法律研究会 著
市町村会議員 選挙戦術 第4版〔昭和4年4月発行〕／相良一休 著
現行 市制町村制 並 議員選挙法規 再版〔昭和5年1月発行〕／法曹閣 編輯
地方制度改正大意 第3版〔昭和4年6月発行〕／狭間茂 著
改正 市制町村制 並ニ 府県制 初版〔昭和4年10月発行〕／法律研究会 編
実例判例 市制町村制釈義 第4版〔昭和4年5月発行〕／梶康郎 著
新旧対照 市制町村制 並 附属法規〔昭和4年7月発行〕／良書普及会 著
市町村予算の見方 初版〔昭和5年3月発行〕／西野喜興作 著
改正 市制町村制解説〔昭和5年11月発行〕／挟間茂 校 土谷覺太郎 著
加除自在 参照條文附 市制町村制 附 関係法規〔昭和6年5月発行〕／矢島和三郎 編纂
改正版 市制町村制 並ニ 府県制 及ビ重要関係法令〔昭和8年1月発行〕／法制堂出版 著
改正版 註釈の市制と町村制 最近の改正を含む〔昭和8年1月発行〕／法制堂出版 著
市制町村制 及 関係法令 第3版〔昭和9年5月発行〕／野田千太郎 編輯
実例判例 市制町村制釈義 昭和10年改正版〔昭和10年9月発行〕／梶康郎 著
改訂増補 市制町村制実例総覧 第一分冊〔昭和10年10月発行〕／良書普及会 編纂
改訂増補 市制町村制実例総覧 第二分冊〔昭和10年10月発行〕／良書普及会 編

日本立法資料全集 別巻

地方自治法研究復刊大系

参照比較 市町村制註釈 完 附 問答理由 第2版〔明治22年6月発行〕／山中兵吉 著述
自治新制 市町村会法要談 全〔明治22年11月発行〕／高嶋正載 著述　田中重策 著述
国税 地方税 市町村税 滞納処分法問答〔明治23年5月発行〕／竹尾高堅 著
日本之法律 府県制郡制正解〔明治23年5月発行〕／宮川大壽 編輯
府県制郡制註釈〔明治23年6月発行〕／田島彦四郎 註釈
日本法典全書 第一編 府県制郡制註釈〔明治23年6月発行〕／坪谷善四郎 著
府県制郡制義解 全〔明治23年6月発行〕／北野竹次郎 編著
市町村役場実用 完〔明治23年7月発行〕／福井淳 編纂
市町村制実務要書 上巻 再版〔明治24年1月発行〕／田中知邦 編纂
市町村制実務要書 下巻 再版〔明治24年3月発行〕／田中知邦 編纂
米国地方制度 全〔明治32年9月発行〕／板垣退助 序 根本正 纂訳
公民必携 市町村制実用 全 増補第3版〔明治25年3月発行〕／進藤彬 著
訂正増補 議制全書 第3版〔明治25年4月発行〕／岩藤良太 編纂
市町村制実務要書続編 全〔明治25年5月発行〕／田中知邦 著
地方學事法規〔明治25年5月発行〕／鶴鳴社 編
増補 町村制執務備考 全〔明治25年10月発行〕／増澤鐵　國吉拓郎 同輯
町村制執務要録 全〔明治25年12月発行〕／鷹巣清二郎 編輯
府県制郡制便覧 明治27年初版〔明治27年3月発行〕／須田健吉 編輯
郡市町村史員 収税実務要書〔明治27年11月発行〕／荻野千之助 編纂
改訂増補鼇頭参照 市町村制講義 第9版〔明治28年5月発行〕／蟻川堅治 講述
改正増補 市町村制実務要書 上巻〔明治29年4月発行〕／田中知邦 編纂
市町村制詳解 附 理由書 改正再版〔明治29年5月発行〕／島村文耕 校閲 福井淳 著述
改正増補 市町村制実務要書 下巻〔明治29年7月発行〕／田中知邦 編纂
府県制 郡制 町村制 新税法 公民之友 完〔明治29年8月発行〕／内田安蔵 五十野譲 著述
市制町村制註釈 附 市制町村制理由 第14版〔明治29年11月発行〕／坪谷善四郎 著
府県制郡制註釈〔明治30年9月発行〕／岸本辰雄 校閲　林信重 註釈
市町村新旧対照一覧〔明治30年9月発行〕／中村芳松 編輯
町村至宝〔明治30年9月発行〕／品川彌二郎 題字　元田肇 序文　桂虎次郎 編纂
市制町村制應用大全 完〔明治31年4月発行〕／島田三郎 序　大西多典 編纂
傍訓註釈 市制町村制 並ニ 理由書〔明治31年12月発行〕／筒井時治 著
改正 府県郡制問答講義〔明治32年4月発行〕／木内英雄 編纂
改正 府県制郡制正文〔明治32年4月発行〕／大塚宇三郎 編纂
府県制郡制〔明治32年4月発行〕／徳田文雄 編輯
郡制府県制 完〔明治32年5月発行〕／魚住嘉三郎 編輯
参照比較 市町村制註釈 附 問答理由 第10版〔明治32年6月発行〕／山中兵吉 著述
改正 府県制郡制註釈 第2版〔明治32年6月発行〕／福井淳 著
府県制郡制釈義 全 第3版〔明治32年7月発行〕／栗本勇之助 森惣之祐 同著
改正 府県制郡制註釈 第3版〔明治32年8月発行〕／福井淳 著
地方制度通 全〔明治32年9月発行〕／上山満之進 著
市町村新旧対照一覧 訂正第五版〔明治32年9月発行〕／中村芳松 編輯
改正 府県制郡制 並 関係法規〔明治32年9月発行〕／鷲見金三郎 編纂
改正 府県制郡制釈義 再版〔明治32年11月発行〕／坪谷善四郎 著
改正 府県制郡制釈義 第3版〔明治34年2月発行〕／坪谷善四郎 著
再版 市町村制例規〔明治34年11月発行〕／野元友三郎 編纂
地方制度実例総覧〔明治34年12月発行〕／南浦西郷侯爵 題字　自治館編集局 編纂
傍訓 市制町村制註釈〔明治35年3月発行〕／福井淳 著
地方自治提要 全〔明治35年5月発行〕／木村時義 校閲　吉武則久 編纂
市制町村制釈義〔明治35年6月発行〕／坪谷善四郎 著
帝国議会 府県会 郡会 市町村会 議員必携 附 関係法規 第一分冊〔明治36年5月発行〕／小原新三 口述
帝国議会 府県会 郡会 市町村会 議員必携 附 関係法規 第二分冊〔明治36年5月発行〕／小原新三 口述
地方制度実例総覧〔明治36年8月発行〕／芳川顯正 題字　山脇玄 序文　金田謙 著
市町村是〔明治36年11月発行〕／野田千太郎 編纂
市制町村制釈義 明治37年第4版〔明治37年6月発行〕／坪谷善四郎 著
府県郡市町村 模範治績 附 耕地整理法 産業組合法 附属法例〔明治39年2月発行〕／荻野千之助 編輯
自治之模範〔明治39年6月発行〕／江木翼 編
改正 市制町村制〔明治40年6月発行〕／辻本末吉 編輯
実用 北海道郡区町村案内 全 附 里程表 第7版〔明治40年9月発行〕／廣瀬清澄 著述
自治行政例規 全〔明治40年10月発行〕／市町村雑誌社 編著
改正 府県制郡制要義 第4版〔明治40年12月発行〕／美濃部達吉 著
判例挿入 自治法規全集 全〔明治41年6月発行〕／池田繁太郎 著
市町村執務要覧 全 第一分冊〔明治42年6月発行〕／大成会編輯局 編輯
市町村執務要覧 全 第二分冊〔明治42年6月発行〕／大成会編輯局 編輯比較研究
自治要義 明治43年再版〔明治43年3月発行〕／井上友一 著
自治之精髄〔明治43年4月発行〕／水野錬太郎 著
市制町村制講義 全〔明治43年6月発行〕／秋野沆 著

信山社